关汉卿

Guan Han Qing

杂剧散曲

鉴赏辞典

（珍藏本）

上海辞书出版社文学鉴赏辞典编纂中心 编

上海辞书出版社

《关汉卿杂剧散曲鉴赏辞典》领衔撰稿

羊春秋	霍松林	邓绍基
宁宗一	赵山林	周啸天

撰稿人（按姓氏笔画排列）

王学奇	王星琦	毛时安	邓绍基	宁宗一
刘　昂	刘益国	齐森华	羊春秋	江莺华
吴国钦	吴明贤	宋光祖	张超然	陈　多
陈忆澄	陈西汀	易吴尉	周妙中	周啸天
赵山林	袁玉冰	翁敏华	郭汉城	浦海涅
黄　克	曹　鑫	康保成	谭志湘	熊　笃
颜长珂	霍松林			

前言

关汉卿，元代戏曲作家。号已斋叟，大都（今北京）人，又有祁州（治今河北安国）、解州（治今山西运城市西南解州镇）人诸说。约生于金末，卒于元成宗大德年间。钟嗣成《录鬼簿》记载他曾任太医院尹，夏庭芝《青楼集》所载郏经序则以关为金遗民，入元不仕。所作杂剧今知有六十余种，代表作为《感天动地窦娥冤》《赵盼儿风月救风尘》《望江亭中秋切鲙》《包待制三勘蝴蝶梦》《杜蕊娘智赏金线池》《钱大尹智宠谢天香》《温太真玉镜台》《关大王独赴单刀会》《闺怨佳人拜月亭》《诈妮子调风月》等。其戏曲作品题材广泛，内容丰富，多方面地揭示了金元时代的社会现实，表现了古代人民特别是青年妇女的苦难遭遇和斗争精神，塑造了窦娥、赵盼儿、王瑞兰等多种典型的妇女形象。其剧作大多结构完整，情节生动，曲词本色而精练，对元杂剧和后来戏曲的发展起过很大的作用。历代皆以关（汉卿）、马（致远）、郑（光祖）、白（朴）并称为“元曲四大家”。散曲作品现存套曲十余套，小令五十余首。

本书是本社中国文学名家鉴赏辞典系列之一。精选关汉卿代表作品杂剧 37 折，散曲选收小令、套数共 21 篇。另请当代研究者为每篇作品撰写鉴赏文章。因篇幅有限，且部分作品本身就存在“科白阙失”的情况，因此选收的作品宾白不予保留。其中诠词释句，发明妙旨，有助于了解关汉卿名篇之堂奥，使读者能够更好地领略关汉卿作品所具有的现实主义色彩和强烈的反抗精神。另外，书末还附有《关汉卿事迹资料辑录》，供读者参考。不当之处，尚祈指正。

上海辞书出版社文学鉴赏辞典编纂中心

2021.3

目录

杂剧

3 感天动地窦娥冤 第二折
8 感天动地窦娥冤 第三折
14 感天动地窦娥冤 第四折
19 包待制智斩鲁斋郎 第二折
25 赵盼儿风月救风尘 第一折
31 赵盼儿风月救风尘 第二折
37 赵盼儿风月救风尘 第三折
44 赵盼儿风月救风尘 第四折
50 望江亭中秋切鲙 第一折
56 望江亭中秋切鲙 第二折
61 望江亭中秋切鲙 第三折
68 望江亭中秋切鲙 第四折
72 包待制三勘蝴蝶梦 第三折
75 杜蕊娘智赏金线池 第二折
80 钱大尹智宠谢天香 第一折
86 钱大尹智宠谢天香 第二折
92 钱大尹智宠谢天香 第三折
99 钱大尹智宠谢天香 第四折
103 温太真玉镜台 第一折
107 温太真玉镜台 第二折
109 尉迟恭单鞭夺槊 第一折
116 尉迟恭单鞭夺槊 第三折
121 关大王独赴单刀会 第三折
128 关大王独赴单刀会 第四折

目录

135 钱大尹智勘绯衣梦 第二折
140 刘夫人庆赏五侯宴 第三折
144 邓夫人苦痛哭存孝 第二折
148 状元堂陈母教子 第一折
154 状元堂陈母教子 第三折
159 状元堂陈母教子 第四折
162 关张双赴西蜀梦 第一折
167 关张双赴西蜀梦 第二折
173 关张双赴西蜀梦 第三折
179 关张双赴西蜀梦 第四折
186 闺怨佳人拜月亭 第一折
189 闺怨佳人拜月亭 第三折
195 诈妮子调风月 第三折

散曲

201 〔仙吕〕醉扶归 嘲秃指甲
203 〔仙吕〕一半儿 题情
207 〔南吕〕四块玉 别情
209 〔南吕〕四块玉 闲适(适意行)
212 〔南吕〕四块玉 闲适(旧酒投)
214 〔南吕〕四块玉 闲适(意马收)
217 〔南吕〕四块玉 闲适(南亩耕)
219 〔商调〕梧叶儿 别情
221 〔双调〕沉醉东风(咫尺的天南地北)
224 〔双调〕沉醉东风(忧则忧鸾孤凤单)
227 〔双调〕碧玉箫
230 〔双调〕大德歌 春

232 〔双调〕大德歌 夏
234 〔双调〕大德歌 秋
236 〔双调〕大德歌 冬
238 〔黄钟〕侍香金童
243 〔南吕〕一枝花 赠朱帘秀
248 〔南吕〕一枝花 杭州景
252 〔南吕〕一枝花 不伏老
258 〔双调〕新水令(二十换头)
264 〔双调〕乔牌儿

附录 269 关汉卿事迹资料辑录

杂剧

zaju

感天动地窦娥冤 第二折

原文

〔斗虾蟆〕空悲戚，没理会，人生死，是轮回。感着这般病疾，值着这般时势，可是风寒暑湿，或是饥饱劳役，各人症候自知。人命关天关地，别人怎生替得？寿数非干今世，相守三朝五夕，说甚一家一计？又无羊酒段匹，又无花红财礼；把手为活过日，撒手如同休弃。不是窦娥忤逆，生怕傍人论议。不如听咱劝你，认个自家悔气，割舍的一具棺材停置，几件布帛收拾，出了咱家门里，送入他家坟地。这不是你那从小儿年纪指脚的夫妻。我其实不关亲，无半点恓惶泪。休得要心如醉，意似痴，便这等嗟嗟怨怨，哭哭啼啼。

〔感皇恩〕呀！是谁人唱叫扬疾，不由我不魄散魂飞。恰消停，才苏醒，又昏迷。捱千般打拷，万种凌逼，一杖下，一道血，一层皮。

鉴赏

这是《窦娥冤》第二折中两支著名的曲子。

这一折是全剧矛盾冲突的进一步发展，写张驴儿为了霸占窦娥，除掉碍手碍脚的蔡婆，买来毒药，本想将病中的蔡婆毒死，没想到放了毒药的羊肚儿汤被他父亲吃了。老子被毒死了，张驴儿非但不悲伤，反利用这一新的事态发展，提出“官休”“私休”的解决办法。窦娥这时对官府还有一些幻想，便选择了“官休”的道路。没想到贪官桃杌根据“人是贱虫，不打不招”的信条，严刑拷打窦娥。这两支曲子中，前面的〔斗虾蟆〕曲，便是窦娥在张父喝了有毒的羊肚儿汤死去后唱的；后面的〔感皇恩〕曲，是在公堂上遭受严刑拷打时唱的。

前人论曲，有所谓“活曲”与“死曲”之区别。不顾情景，不问性格，一味堆砌词藻，卖弄才学；抑或千人一腔，不辨甲乙；词语苍白，不知所云，皆“死曲”之谓也。而像〔斗虾蟆〕这种曲子，贴合情境，声口毕肖，可以说是元曲中典型的“活曲”，实属不可多得。

老实懦弱的蔡婆在出了人命之后惊恐万分，不禁哭了起来。窦娥却坦然沉着，因为她觉得蔡家与张驴儿父子非亲非故，并无半点干系，是他们强行闯入寡妇人家，现在死了倒也干净，没有什么可悲痛的；再则自己没做什么亏心事，自己并未投毒，因而一点也不必害怕。正是在这种心态驱使下，窦娥唱出了这支〔斗虾蟆〕曲，对蔡婆进行劝说。这段劝说是层层深入的。首先从人的生与死的大道理讲起。说人的生死是命中注定的。一个人有什么病症，如感风寒暑热，或挨饥饿劳役，他自己是再清楚不过的。人寿的长短是上天给予的，它不但和今生今世有关，怕和上辈子的善恶也有关系的。其次说到两家的关系：我们和他们父子在一起的时间不过三朝五夕，根本就不是一家人，从未有过什么订亲的手续或礼仪（羊酒花红段匹，是宋元时订婚的礼物），现在他老子既然撒手人寰，也就算了。再从造成的影响说：不是窦娥敢忤逆你，实在是怕邻里旁人说三道四。下面提出解决办法：不如咱们自家认个晦气，白送一具棺材、几件布帛，发送了他就是了。然后说到自己的态度：这个死去的人与你并非什么结发夫妻。因为他与我非亲非故，所以我一点也不伤悲。最后劝婆婆：你也不必啼哭嗟怨了。这样层层道来，实在是入情入理。

曲子中的每一句曲辞，都是从当时特定的环境出发，从具体的情事出发，针对蔡婆的态度而发的，可以说与环境情事丝丝入扣。从眼前出人命说到人的生死是宿命轮回的道理；从如何处置这件事，提出破费一具棺材将死者"送入他家坟地"算了；从自己一点也不悲伤到劝婆婆也不必嗟怨啼哭和惊惶悲痛。这样的曲辞，正是明代著名戏曲家臧晋叔所赞叹的："境无旁溢，语无外假。……随所妆演，无不摹拟曲尽，宛若身当其处，而几忘其事之乌有。"(《〈元曲选〉序》)

这支曲子与窦娥的性格十分吻合。窦娥是一个善良孝顺的媳妇，也是一个正直刚强的女性。因此曲辞写窦娥劝说蔡婆，句句设身处地，为其排解困惑，理智地分析眼前发生的一切，语气委婉亲切，但内里却正气凛然，是非分明，斩钉截铁，毫不含糊，表现了对恶势力的厌恶感情和毫不妥协的态度。

〔斗虾蟆〕一曲是元曲本色语言的范例。王国维在《宋元戏曲考》中谈到元曲之妙时说："然元剧最佳之处不在其思想结构，而在其文章。其文章之妙，亦一言以蔽之，曰：有意境而已矣。何以谓之有意境？曰写情则沁人心脾，写景则在人耳目，述事则如其口出是也。"他在引述关汉卿这支〔斗虾蟆〕曲子之后写道："此一曲直是宾白，令人忘其为曲。元初所谓当行家，大率如此。”我们初读此曲，只觉得俚浅通俗，明白如话，情景逼真，声口毕肖。细细品味，则觉这种白描笔法，大有意趣，确如鲁迅所说“有真意，去粉饰，少做作，勿卖弄”。曲辞要达到如此酷肖人物而浅白生动，真是谈何容易！

当然，曲中也流露了窦娥思想中存在宿命观念，这是不足为怪的。窦娥是十三世纪作品中的人物，她的头脑中有不少封建意识，如宿命思想、贞节观念等，这是很自然的。但过去有的评论文章离开了具体的时代环境与人物，把窦娥设想成一个反封建的英雄，身上纯洁晶莹，不夹杂半点封建灰尘。其实这并非关汉卿笔下真实的血肉饱满的窦娥形象。

中国戏曲艺术的特征之一是写意性，元杂剧就表现了这一特征。戏剧动作本身不少是虚拟化、程式化的。如此处写窦娥在公堂上受刑，就不可能像生活那样逼真，而是采用一种虚拟写意的手段，点到即止。因此，为了将场面表现得真实动人，这就要靠演员的抒情唱段来交代动作，强化感情。〔感皇恩〕一曲，真切地传达出公堂受刑的场面：如狼似虎的差役喊打喊杀的吆喝声，窦娥捱尽严刑拷打，昏了又醒，醒了又昏，被打得皮开肉绽，真实地揭露了元代吏治的黑暗和贪官污吏残民以逞的罪行。这一段从场面动作来说虽是虚拟的、写意的，但曲子传达出的感情却是饱满的、实在的。这样“虚实结合”，最大限度地调动了观众的情绪。

〔感皇恩〕一曲写得简洁精练而又浅白生动。李渔说：“凡读传奇而有令人费解，或初阅不见其佳，深思而后得其意之所在者，便非绝妙好词；不问而知，为今曲，非元曲也。”（《闲情偶寄》）这种批评可谓深得元曲三昧。〔感皇恩〕一曲显得十分生活化，浅白到“入耳消融”，不论是文人学士，还是目不识丁的平民，都能从不同的层次上理解曲情，体味曲意。曲辞达到这样雅俗共赏、深入浅出，可以说是进入了化境。京剧等剧种均有改编演出。又昆剧所演折子戏《斩娥》，基本上为元杂剧原词。

（吴国钦）

感天动地窦娥冤 第三折

原文

〔正宫·端正好〕没来由犯王法，不提防遭刑宪，叫声屈动地惊天！顷刻间游魂先赴森罗殿，怎不将天地也生埋怨。

〔滚绣球〕有日月朝暮悬，有鬼神掌著生死权。天地也只合把清浊分辨，可怎生糊突了盗跖颜渊。为善的受贫穷更命短，造恶的享富贵又寿延。天地也做得个怕硬欺软，却元来也这般顺水推船。地也，你不分好歹何为地？天也，你错勘贤愚枉做天！哎，只落得两泪涟涟。

〔耍孩儿〕不是我窦娥罚下这等无头愿，委实的冤情不浅；若没些儿灵圣与世人传，也不见得湛湛青天。我不要半星热血红尘洒，都只在八尺旗枪素练悬。等他四下里皆瞧见，这就是咱苌弘化碧①，望帝啼鹃②。

〔二煞〕你道是暑气暄，不是那下雪天；岂不闻飞霜六月因邹衍③？若果有一腔怨气喷如火，定要感的六出冰花滚似绵，免着我尸骸现；要什么素车白马④，断送出古陌荒阡！

〔一煞〕你道是天公不可期，人心不可怜，不知皇天也肯从人愿。做甚么三年不见甘霖降？也只为东海曾经孝妇冤。如今轮到你山阳县。这都是官吏每无心正法，使百姓有口难言。

〔煞尾〕浮云为我阴，悲风为我旋，三桩儿誓愿明题遍。那其间才把你个屈死的冤魂这窦娥显。

〔注〕

① 苌弘化碧：传说周朝的忠臣苌弘死后，他的血化为美石。碧，指美石。

② 望帝啼鹃：望帝，即杜宇，周末蜀主，传说他死后化为鸟，名杜鹃，日夜悲啼。

③ 邹衍：燕惠王臣，被人陷害入狱，对天大哭，时逢夏令，天却为之下霜。

④ 素车白马：古时送葬，乘坐素车白马，这里"素车白马"，意谓送葬。

鉴赏

《窦娥冤》第三折是全剧的高潮。前二折写窦娥由童养媳到寡妇到被人陷害、成为死囚的悲惨命运，在这个过程中，她是一个顺从命运的弱女子，到张驴儿逼婚时，才开始反抗。到第三折，当她被推上刑场，即将经受她生命中最后也是最大一次灾难时，她的反抗终于强烈地爆发出来了。以此为契机，关汉卿写出了一个震撼人心的戏剧场面。前二折时间跨度大，写了窦娥由七岁到二十岁共十三年的命运变迁，这一折却只写一个短时间的事件——法场问斩。中国戏曲创作中有讲究重点突出的传统，所谓“传中紧要处，须重着精神，极力发挥使透”（王骥德《曲律》），这种传统正是从关汉卿这样的作家那里开始的。如果作为折子戏，《窦娥冤》第三折又是后代“法场”戏的蓝本。

这一折的开始，监斩官吩咐把住巷口，断绝行人；鼓三通，锣三下；披枷带锁的窦娥，被挥旗提刀的刽子手押着上场，戏剧氛围突然紧张，窦娥唱第一支〔端正好〕曲，把气氛转向高亢，她勇敢而愤慨地抨击了“王法”“刑宪”和“皇天后土”：“没来由犯王法，不提防遭刑宪”，“怎不将天地也生埋怨”。紧接着的〔滚绣球〕曲又将悲愤情绪和反抗精神汇成排山倒海的巨澜，狂怒地冲向在封建社会里被认为是神圣威严、至高无上的天地日月鬼神。“地也，你不分好歹何为地？天也，你错勘贤愚枉做天！”明代朱权说元曲中有“不讳体”，其主要特点是“字句皆无忌惮”。这〔滚绣球〕曲可算得是最无忌惮的呐喊与控诉，它指向了“永命之本”的天与地，也即所谓“皇天后土”，她指责它们混淆了恶（盗跖，春秋时著名的“盗”，名跖）与善（颜渊，孔子弟子），实际上表现了对封建秩序的怀疑。这就将作品提到一个新的思想高度，窦娥形象深化了的典型意义也正在这里。

〔滚绣球〕曲的格式通常为十一句，前四句和后四句句法相同，清代李玉《北词广正谱》说是分前后两节，后一节实是将前一节重做一遍，所以叫“滚绣球”，他所说的前后两节，实际指的是前四句和后四句。这种形式要求前节的第四句在联结前后两节上起类似词中“过片”即过渡的作用，然而有些元剧作家并不注意，因此写来就显得呆板。关汉卿此曲第四句“可怎生糊突了盗跖颜渊”却和下文“为善的”和“造恶的”起着一种过渡作用，在句法上重复之际，曲义上却是转接之时，这正是当行杂剧作家的长技。〔滚绣球〕曲的第九、十句一般都要对仗，本曲对得自然、浑成，不雕琢，不斧凿，恰似掉臂而出，飞行自在，因为临近曲尾，在文意上要结束全曲所表达的情绪，“何为地”“枉做天”正是把悲愤情绪推到了顶端。但却也为最后一句的写法带来了困难，〔滚绣球〕曲末句的文意，常常是前两句对句的延续和作结，并不转意，如关汉卿另一作品《西蜀梦》第四折中第一支〔滚绣球〕最后三句作：“咱人三寸气在千般用，一日无常万事休，壮志难酬！”《单刀会》第二折第四支〔滚绣球〕最后三句作：“瞅一瞅混天尘土桥先断，喝一声拍岸惊涛水逆流，这一伙怎肯干休！”对句是形容张飞喝断当阳桥，“这一伙”却又包括整支曲文中说到的黄汉升、赵子龙和马孟起，所以这末句不仅是结上两句，而是结全曲。《窦娥冤》中这支曲的末句却有转意，由控诉天地转向悲哀自身，“哎，只落得两泪涟涟”。这一哭叫，表面上看似把全曲的磅礴之气降了下来，怨天恨地的结果是无可奈何，但却又切合窦娥作为一个被迫害的弱女子的实际，而且，这一哭叫，在无可奈何当中，包含着强烈的怨气。一张一弛，张中充满恨，弛中含有怨，其艺术效果是统一的。这又是当行杂剧作家的一种长技。

在〔滚绣球〕曲以后，戏剧气氛陡然一转，描写婆媳见面，法场诀别，低回泣诉，敦掩呜咽。嗣后，戏剧场面又转入第三个阶段，窦娥临死前发出三桩誓愿：血不溅地、六月飞雪和大旱三年。〔耍孩儿〕、〔二煞〕和〔一煞〕三支曲分别表达了她的三个誓愿。这三支曲属般涉调，而本折采用正宫，这种现象叫做"借宫"，出自音律上的用心，使声调有所变换和起伏。这三支曲和末章〔煞尾〕都用生机活泼的口语，写来似行云流水，舒爽晓畅。"我不要半星热血红尘洒，都只在八尺旗枪素练悬"，"若果有一腔怨气喷如火，定要感的六出冰花滚似绵"，这样的曲文更似喷泉激涌，气势飞腾。在某种程度上说，曲律的规定和限制也相当地严格，能够把曲文写得灵动飞扬，同时又如脱口而出，这需要深厚的功力，这比以词绳曲，也就是袭用词的意境和写作手法来写曲，要困难得多，所以王国维说："关汉卿一空倚傍，自铸伟词，而其言曲尽人情，字字本色，故当为元人第一。"(《宋元戏曲考》)

对于窦娥的三桩誓愿，常有用艺术上的浪漫主义手法来作解释的，这当然是对的。但又可视为我国传统中"天人感应"观的一种反映。《元史》中的《王恽传》和《邓文原传》都有民间有冤狱，就出现久旱不雨的记载，元人文集、奏章和笔记中有关天变与人事相应的记载，不可胜数，说明这是一种传统的观念。在这以前，宋代著名理学家程颐有一种说法："匹夫至诚感天地，固有此理，如邹衍之说太甚。只是盛夏感而寒栗则有之，理外之事则无。如变夏为冬，降霜雪，则无此理。"(《遗书》卷十五)窦娥所唱"你道是暑气暄，不是那下雪天；岂不闻飞霜六月因邹衍？若果有一腔怨气喷如火，定要感的六出冰花滚似绵"，恰像是对程颐上述那番话的回答。窦娥还用了"东海孝妇"的故事说明并非"天公不可期，人心不可怜"。传说汉东海郡有孝妇被郡守枉判死刑，该郡大旱三年。后冤狱昭雪，天立降大雨。(见《汉书·于定国传》)窦娥这一愿望也得到了回答。这回答不是属于事理逻辑，而是深化了的感情逻辑。关汉卿的这些描写在深层意义上也已突破了“天人感应”的观点，它们为作家对黑暗势力的愤懑、抗议所充实，成为强烈的对正义呼唤的感情依托，化为一种复仇愿望的象征，一种揭露和谴责的深沉力量。还有一点值得注意，窦娥誓愿六月飞雪，不仅要求证明她的冤屈，还要求“免着我尸骸现”，白雪葬身，胜过埋在古陌荒阡，这同不要血洒红尘一样，表示了与那个污浊社会的最后决裂，也表现了她品格的高洁。

（邓绍基）

感天动地窦娥冤 第四折

原文

〔梅花酒〕你道是咱不该“这招状供写的明白”，本一点孝顺的心怀，倒做了惹祸的胚胎。我只道官吏每还覆勘，怎将咱屈斩首在长街！第一要素旗枪鲜血洒，第二要三尺雪将死尸埋，第三要三年旱示天灾。咱誓愿委实大。

〔收江南〕呀，这的是衙门从古向南开，就中无个不冤哉！痛杀我娇姿弱体闭泉台，早三年以外，则落的悠悠流恨似长淮。

〔鸳鸯煞尾〕从今后把金牌势剑从头摆，将滥官污吏都杀坏，与天子分忧，万民除害。嘱付你爹爹，收养我奶奶。可怜他无妇无儿，谁管顾年衰迈！再将那文卷舒开，屈死的于伏①罪名儿改。

〔注〕

① 于伏：疑为“招伏”，指招供服罪。

鉴赏

这是《窦娥冤》一剧中窦娥在临终场前唱的最后几支曲子，带有俯视全剧、笼括题旨的意味。

《窦娥冤》是个感天动地的大悲剧。这个悲剧，诚如王国维所说“列之于世界大悲剧中亦无愧色也”（《宋元戏曲考》）。如果说古希腊“悲剧之父”埃斯库罗斯的悲剧是命运悲剧，它要表现的是人与冥冥不可抗拒的命运之间的冲突的话，则文艺复兴时期莎士比亚著名的“四大悲剧”就是性格悲剧，它揭示人的性格弱点所引起的悲剧冲突；而关汉卿的《窦娥冤》则是一部社会悲剧，着重表现的是善良的弱小的百姓和强大的黑暗社会势力之间的冲突。窦娥遭受社会黑暗势力的层层压迫，她因高利贷的剥削而卖身为童养媳，因流氓地痞的横行霸道而吃官司，因贪官污吏的草菅人命而遭典刑。关汉卿赋予这个弱小的普通女子以非常善良倔强的性格，对她的悲剧倾注了极大的同情，而且深刻地揭示了窦娥悲剧的社会根源。《窦娥冤》属于我国古典悲剧中较有代表性的作品，它是一个善良的人的悲剧，社会的悲剧，时代的悲剧。

第四折是悲剧的结局，写窦天章为窦娥平反冤案。当窦天章问蔡婆：“我看你也六十外人了，家中又是有钱钞的，如何又嫁了老张，做出这等事来？”蔡婆回答：“老妇人因为他爷儿两个救了我的性命，收留他在家养膳过世；那张驴儿常说要将他老子接脚过来，老妇人并不曾许他。”剧作至此明确交代了蔡婆与张父的关系。窦天章弄明原委后对蔡婆说：“这等说，你那媳妇就不该认做药死公公了。”窦娥的鬼魂于是上前说明：“当日问官要打俺婆婆，我怕他年老受刑不起，因此咱认做药死公公，委实是屈招个！”〔梅花酒〕诸曲，就是窦娥的鬼魂紧接这段念白唱出的。

〔梅花酒〕曲子的首句“你道是咱不该‘这招状供写的明白’”，

是接窦天章上面的话头说的。窦天章认为既然蔡婆没有与张老同居，媳妇当然就不该招认“药死公公”的罪名。窦娥向父亲说明原委，把自己当初的心理活动和盘托出：她原出于孝心，怕婆婆年老受刑不起，因此屈招认罪，实以为官府还会覆勘此案，根本未料到会屈斩长街。

这一曲笼括全剧，窦娥剖白自己为何屈招，如何抱有“覆勘”的幻想以及这一天真幻想怎样被无情现实所击碎。通过窦娥痛苦的陈情申诉，曲子批判的矛头再次指向那草菅人命的封建吏治。

紧接着的〔收江南〕一曲，将窦娥的陈情申诉升华到一个新的高度。旧时代有俗谚称“衙门从古向南开，有理无钱莫进来”，关汉卿却巧妙地将它改成“衙门从古向南开，就中无个不冤哉”！在这里，剧作对现世的针砭被引向更高的层次，它通过窦娥这一典型的冤案，推而广之，指出元代黑暗社会中，冤狱到处皆有，无官不贪，无案不冤，这就将读者或观众由于窦娥悲剧引起的悲愤的审美情感，进一步引向对整个封建吏治的鞭挞谴责。据《元史》载，大德七年(1303年)一次就查勘出贪官污吏一万八千四百七十三人(卷二十一《成宗纪》)，而元代官吏总数不外两万六千！(《元典章》卷七《内外诸官员数目》)可见曲辞概括的，是元代真实的墨黑如漆的现实。

最后的〔鸳鸯煞尾〕一曲，有两点值得注意。其一，是作者借窦娥之口直截了当表明对变革现实、改造吏治的设想，开出一张疗救世情的药方：杀尽贪官污吏，与天子分忧，为万民除害。作家这一主观思想，既表明他对元代吏治黑暗的深刻痛恨，又表明他把医治社会弊病的理想寄托在皇帝身上。这实在是十三世纪伟大的戏曲家关汉卿无法摆脱的一种时代的局限性，他无法超越历史。而《窦娥冤》的卓越之处，在于揭露一桩无辜受害的冤案，在于以最炽烈的激情为善良弱小的平民百姓鸣冤叫屈，使人们透过冤案看到一出撼人心弦的社会大悲剧。如果作者把剧作的重心放在以王法疗救社会弊病这一方面，不难想象那时剧作就将成为一个平庸而自相矛盾的作品。其二，是最后为窦娥形象画龙点睛，为人物善良可亲的性格和孝顺长辈的美德补上最后精彩的一笔。临下场前，窦娥又折回来，嘱咐父亲好生收养蔡婆，"可怜他无妇无儿，谁管顾年衰迈！"读着这样出自肺腑的言词，人们不难看到，窦娥有一颗多么可贵的金子般的心。她孝顺婆婆一如既往，至死未休。除了平反冤案外，她想到的不是自己，不是官居要职的父亲，而是那个和自己相依为命、眼下年老衰迈、无依无靠的婆婆，窦娥温顺、善良、孝顺的品格，再一次展示了她的光彩。《窦娥冤》之所以感天动地，撼人心扉，我想还不全在窦娥无辜蒙冤的不幸命运上，根本原因是窦娥太善良了，太崇高了，这样一个具有为他人而作自我牺牲之情操美德的人，却无端被社会黑暗势力蹂躏而死，真善美无端被假恶丑所扼杀，这才是这个大悲剧感人的堂奥所在。

从曲辞本身看，这几支曲子写得自然本色，通俗生动，充分表现了元曲本色派语言的风貌。王国维在我国第一部戏曲史《宋元戏曲考》中说："元曲之佳处何在？一言以蔽之，曰：自然而已矣。……彼但摹写其胸中之感想与时代之情状，而真挚之理与秀杰之气，时流露于其间。故谓元曲为中国最自然之文学，无不可也。"〔梅花酒〕诸曲，或直抒胸臆，或嘱咐事项，或引述口语，或套用俗谚，皆通俗自然，没有佶屈聱牙之病，没有堆砌词藻之嫌，也无不知所云之弊，总之是从人物心田中自然流出，可谓水到渠成，非由车戽。这些曲辞既接近口语（如“本一点孝顺的心怀，倒做了惹祸的胚胎”），又不是生活中自然形态东西的照搬，而是经过精心提炼而成的（如“则落的悠悠流恨似长淮”）。《红楼梦》诗云：“淡极始知花更艳。”这种“淡”，既是自然本色之“淡”，又是经过悉心提炼而成的“淡”，对戏曲这种大众化的艺术形式来说，语言的淡而有味，应属艺术追求的最佳境界。

〔梅花酒〕诸曲在写作上还有一个长处，就是曲白相生，曲与白的搭配连接处理得很好。对戏曲剧本来说，曲与白的安排配搭是一个重要的技巧性问题。〔梅花酒〕曲的开头，从窦天章那里接过话头，曲子自然而然成为念白的延续，两者相生相成，互为补充。〔收江南〕曲之后，窦天章安慰窦娥，说“冤枉我已尽知”，这句说白是从〔收江南〕曲引发来的，窦天章说白之后，又引出窦娥所唱的全剧最末一曲〔鸳鸯煞尾〕，这一曲明显带有总结的意味。但唱到中间，窦娥忽然记起一件事，用念白嘱咐父亲收养蔡婆。这段念白，从窦娥性格出发，从彼时彼地情景中自然流出，最后又用曲子加以衔接。这些地方，如果不是杂剧的当行里手，是不容易写得如此自然，连接得这样好的。

不少元剧的第四折，往往是强弩之末，只是敷演大团圆的老套，无甚可观。但此剧第四折则仍然精彩纷呈，仍然是塑造性格的重要场次。〔梅花酒〕诸曲，就是这一折中带关键性的曲子，它们交代情事，刻画性格，总括题旨，写得自然生动，实在是不可多得的好曲子。

（吴国钦）

包待制智斩鲁斋郎 第二折

原文

〔南吕·一枝花〕全失了人伦天地心，倚仗着恶党凶徒势。活支刺娘儿双拆散，生各札夫妇两分离。从来有日月交蚀，几曾见夫主婚、妻招婿？今日个妻嫁人、夫做媒，自取些奁房断送陪随，那里也羊酒、花红、段匹？

〔梁州第七〕他凭着恶哏哏威风纠纠，全不怕碧澄澄天网恢恢。一夜间摸不着陈抟睡[①]，不分喜怒，不辨高低。弄的我身亡家破，财散人离！对浑家又不敢说是谈非，行行里只泪眼愁眉。你、你、你，做了个别霸王自刎虞姬，我、我、我，做了个进西施归湖范蠡，来、来、来，浑一似嫁单于出塞明妃。正青春似水，娇儿幼女成家计，无忧虑，少萦系，平地起风波二千尺，一家儿瓦解星飞。

〔牧羊关〕怕不晓日楼台静，春风帘幕低，没福的怎生消得！这厮强赖人钱财，莽夺人妻室。高筑座营和寨，斜搠面杏黄旗。梁山泊贼相似，与蓼儿洼争甚的！

〔四块玉〕将一杯醇糯酒十分的吃，更怕我酒后疏狂失了便宜。扭回身刚咽的口长吁气，我乞求得醉似泥，唤不归。我则图别离时，不记得。

〔骂玉郎〕也不知你甚些儿看的能当意？要你做夫人，不许我过今日，因此上急忙忙送你到他家内。这都是我缘分薄，恩爱尽，受这等死临逼。

〔感皇恩〕他、他、他，嫌官小不为，嫌马瘦不骑，动不动挑人眼、剔人骨、剥人皮。他少甚么温香软玉，舞女歌姬！虽然道我灾星现，也是他的花星照，你的福星催。

〔采茶歌〕撇下了亲夫主不须提，单是这小业种好孤凄，从今后谁照觑他饥时饭，冷时衣？虽然个留得亲爷没了母，只落得一番思想一番悲。

〔黄钟尾〕夺了我旧妻儿，却与个新佳配，我正是弃了甜桃绕山寻醋梨。知他是甚亲戚！教喝下庭阶，转过照壁。出的宅门，扭回身体，遥望着后堂内，养家的人，贤惠的妻！非今生是宿世。我则索寡宿孤眠过年岁，几时能勾再得相逢，则除是南柯梦儿里。

〔注〕

① 一夜间摸不着陈抟(tuán)睡：意为一夜不曾睡。陈抟，五代时的隐士，传说他一睡就是一百多天。

鉴赏

谁见过“妻招婿、夫主婚”的怪事？著名戏剧家关汉卿在《包待制智斩鲁斋郎》杂剧中，就写了这样荒唐怪诞又十分细腻真实的一幕。权势显赫的鲁斋郎垂涎郑州六案都孔目张珪之妻李氏的美色，令张珪送妻上门；软弱的张珪只得亲自把妻子送到鲁斋郎家里。上面这套曲子，就是张珪送妻去鲁斋郎家前后唱的。

大千世界，光怪陆离。各人心理的承受能力是很不相同的。像张珪这样把妻子送上门去任人侮辱，懦弱得也实在可以。他软弱，又自私；他可悲、可怜，又可气。他对鲁斋郎，不仅畏之如虎，低声下气；而且是曲意逢迎，献媚讨好。张珪是应该被责难的。不过，细细品味一下这套曲子，人们就可知道，他那怨恨的心中负载着何等巨大的痛苦和酸辛。这是一个被畸形的社会扭曲了的人。

先看前三支曲子。张珪欺骗妻子说“东庄里姑娘家有喜庆勾当”，五更天便拉着妻子匆匆上路。眼看一个“娇儿幼女成家计，无忧虑，少萦系”的温暖和睦的家庭，就要“身亡家破，财散人离”，张珪心中十分痛苦、悲哀。“活支刺娘儿双拆散，生各札夫妇两分离”，“平地起风波二千尺，一家儿瓦解星飞”这几句唱词，道出了张珪面临的处境和内心的苦楚。“活支刺”和“生各札”义同，都是活生生的意思，是当时人们的口头语。这类词语在诗词中很少用；用在曲中，生动而逼真，生活气息浓厚。一个好端端的家毁在鲁斋郎的手中，张珪又不能不恨：“全失了人伦天地心，倚仗着恶党凶徒势”，“他凭着恶哏哏威风纠纠，全不怕碧澄澄天网恢恢”。在鲁斋郎的高墙大院前，他骂鲁斋郎是打家劫舍的“盗贼”。张珪害怕鲁斋郎就像老鼠怕猫，然而在心里，却可以一千遍一万遍地诅咒这个恶魔。人心难以征服！但张珪毕竟是懦弱的，他承受了非同寻常的侮辱。本来，作者可以让鲁斋郎从家中把李氏抢走，甚至让张珪与鲁斋郎搏斗一番，这大致不影响后来剧情的发展，但关汉卿没有这样写。本来，这个戏全名是《包待制智斩鲁斋郎》，但作者偏偏让张珪作主唱的正末。那么既然如此，作者通过这个套曲着力刻画张珪性格的良苦用心，也就可想而知了。一个堂堂“六案都孔目”，在狼面前却变成了逆来顺受的绵羊！张珪既愤慨又自嘲地唱道：“几曾见夫主婚、妻招婿？今日个妻嫁人、夫做媒。”这几句唱词，把畸形的社会、畸形的事件、畸形的性格、畸形的心理，全都囊括殆尽，指斥殆尽。“夫主婚、妻招婿”，怪吗？当然怪。但发生在贵族统治阶级享有种种特权的等级社会里，却并非不可理解。关汉卿笔下的鲁斋郎在元代社会中是有所本的。据《元史》记载，阿合马当权时，曾强迫别人献出妻女达一百三十三人之多！“妻嫁人、夫做媒”，苦吗？固然是苦，然而酿成这苦的不也有张珪本人吗？显然，对张珪这样的人，哀其不幸是一种道德意义上的同情，其中渗透着对恶人鲁斋郎的谴责；而怒其不争才是更高层次上的理性判断。

鲁斋郎见张珪依命送妻上门，大喜之下，要赏三杯酒给张珪喝。然而对于张珪来说这意味着什么？是由于把妻子给了人家而得到的酬谢酒，奖赏酒，还是为鲁斋郎庆贺新婚的喜庆酒？无论如何，这都是一杯苦酒，意味着张珪人格上遭受的又一次侮辱。张珪端起酒来一饮而尽："将一杯醇糯酒十分的吃"，"我乞求得醉似泥，唤不归。我则图别离时，不记得"。管他什么酒！我只图借酒浇愁，借酒浇恨，喝个酩酊大醉，把眼前的一切全都忘个干净。这时，张珪悲苦的心境上似乎平添了一丝"疏狂"的色彩，他那怯懦的性格上似乎多出一分豪壮。然而更多的还是借酒麻醉自己的神经，这是清醒中求糊涂，装糊涂。〔骂玉郎〕一曲，他向妻子讲明了真情。妻子谴责他不该对鲁斋郎如此软弱，要"拣个大衙门告他去"。张珪此时酒全醒了，他在〔感皇恩〕一曲中唱道："他、他、他，嫌官小不为，嫌马瘦不骑，动不动挑人眼、剔人骨、剥人皮。"这不仅把鲁斋郎凶神恶煞的可怕嘴脸活画出来，而且一连三个"他、他、他"，也把张珪此刻战战兢兢，哆哆嗦嗦的外部动作与内心世界传神般描绘出来，从而也把张珪送妻给人的怪诞举动衬托得近乎情理。

怪事一个接着一个。鲁斋郎听张珪说"家中有一双儿女，无人看管"，竟然动了"恻隐之心"，要把自己的妹妹(其实是他玩腻了的银匠李四的妻子)送给张珪做老婆！张珪面临着又一杯苦酒。如若再一次装糊涂，领着"新配"回家成亲，则违背自己的心愿；如若拒不受纳，又有可能惹恼鲁斋郎。权衡利害，这杯苦酒还是得吞下去。不过这一次张珪是清醒的："知他是甚亲戚！"你说是你妹妹，谁知道是从哪儿抢来的女人！“夺了我旧妻儿，却与个新佳配，我正是弃了甜桃绕山寻醋梨。”“弃了甜桃绕山寻醋梨”，元代俗语，意思是丢掉好的，找个坏的。“遥望着后堂内，养家的人，贤惠的妻！……几时能勾再得相逢，则除是南柯梦儿里。”可见张珪对妻子感情之深，已到了“曾经沧海难为水”的地步。在《鲁斋郎》中，这个形象之所以能够博得人们的一线同情，恐怕很大程度上是由于他对妻子的真情。但也正因为如此，人们对他送妻给人的行为也愈不理解，愈不原谅。关汉卿成功地写出了张珪性格、心理上的矛盾，也使读者和观众的欣赏心理，陷入一定程度的矛盾之中。

第二折〔一枝花〕是《包待制智斩鲁斋郎》杂剧中最成功的一个套曲。既有批判现实的意义，又深刻剖析了张珪一类人物的心理特征。语言通俗质朴，毫无矫揉造作；几个典故用得贴切自然；衬字、口语随时可见，具有元代前期本色派剧作的特点。最后一曲连用“喝下”“转过”“出的”“扭回”“遥望”几个动词，提示出一连串舞台动作，明显见出剧曲与散曲之不同。值得一提的是，有几支曲子或多或少地运用了一些自嘲、调侃的语言，如〔一枝花〕中的“几曾见夫主婚、妻招婿？今日个妻嫁人、夫做媒，自取些奁房断送陪随，那里也羊酒、花红、段匹”，〔梁州第七〕中的“你、你、你，做了个别霸王自刎虞姬，我、我、我，做了个进西施归湖范蠡，来、来、来，浑一似嫁单于出塞明妃”，〔感皇恩〕中的“虽然道我灾星现，也是他的花星照，你的福星催”，等等，不仅有助于张珪的性格刻画，而且在悲剧气氛中加上一点酸辛，别有一番苦涩的滋味。

（康保成）

赵盼儿风月救风尘 第一折

原文

〔仙吕·点绛唇〕妓女追陪，觅钱一世。临收计，怎做的百纵千随，知重咱风流婿。

〔混江龙〕我想这姻缘匹配，少一时一刻强难为。如何可意？怎的相知？怕不便脚搭着脑杓成事早，怎知他手拍着胸脯悔后迟！寻前程，觅下稍，恰便是黑海也似难寻觅。料的来人心不问，天理难欺。

〔油葫芦〕姻缘簿全凭我共你，谁不待拣个称意的？他每都拣来拣去百千回。待嫁一个老实的，又怕尽世儿难成对；待嫁一个聪俊的，又怕半路里轻抛弃。遮莫向狗溺处藏，遮莫向牛屎里堆，忽地便吃了一个合扑地，那时节睁着眼怨他谁！

〔天下乐〕我想这先嫁的还不曾过几日，早折的容也波仪、瘦似鬼，只教你难分说、难告诉、空泪垂！我看了些觅前程俏女娘，见了些铁心肠男子辈，便一生里孤眠，我也直甚颓！

〔元和令〕做丈夫的便做不的子弟，那做子弟的他影儿里会虚脾，那做丈夫的忒老实。那厮虽穿着几件蛇蜕皮，人伦事晓得甚的？

〔胜葫芦〕你道这子弟情肠甜似蜜，但娶到他家里，多无半载周年相弃掷，早努牙突嘴，拳椎脚踢，打的你哭啼啼。

〔幺篇〕恁时节船到江心补漏迟，烦恼怨他谁？事要前思免后悔。我也劝你不得，有朝一日，准备着搭救你块望夫石。

鉴赏

《赵盼儿风月救风尘》是一出反映妓女从良坎坷遭际的轻喜剧。关汉卿举重若轻，以一种轻松的快意和幽默的笔调，再现了一幕既让人发笑、又蕴含泪水的人间喜剧：妓女赵盼儿有心助妓女宋引章跳出卖笑生涯，为宋引章和穷书生安秀实作媒。宋安两人情投意合，拟结百年之好。不料宋又为有钱有势、能说会道的纨绔子弟周舍迷住。赵盼儿发现后，凭借自己风月场上痛苦的人生经历，力劝宋引章，但未能成功。而周舍把宋引章骗到手后，翻脸无情，百般毒打。宋受不住周的暴虐和淫威，走投无路，写信给盼儿求救。盼儿不计前隙，设巧计，梳妆打扮，亲携妆礼去郑州找到周舍，使出风月场上的柔情蜜语，假意要嫁周舍，赚得周的亲笔休书，急带宋引章逃离。周如梦方醒，追上赵、宋，告到官府，盼儿却当堂出示其亲笔休书。书生安秀实也及时赶到，告发周舍抢亲，遂使有情人终成眷属。

这出戏在以“风月”救“风尘”——即以风花雪月的情场手段拯救沦落风尘的妓女姐妹的喜剧目的下，展开了赵盼儿与周舍之间以“风月”治“风月”的斗争。这种艺术目的和艺术手段相叠合的复调式喜剧，正是观众不时发出阵阵痛快笑声的原因。

第一折从全剧来看是过场戏，是围绕第三折才正面铺开的赵、周之间以风月治风月主要喜剧矛盾所展开的赵盼儿与宋引章之间的次要戏剧冲突。但过场戏不过场，它不仅以喜剧的语言展示了正剧的内容，使正剧内容喜剧化，而且为喜剧高潮的出现作了有力的说明和铺垫，从而成为整个喜剧发展的有机构成。没有它，第三折展开的喜剧冲突就会如无本之木、无源之水，缺乏喜剧独有的真实氛围和现实感。宋引章执意要嫁周舍，赵盼儿前来劝阻。表面上看是赵宋两人对周舍的看法不同，其实对这门亲事的臧否，归根结底是对人生和爱情理想的看法有差异。关汉卿不惜以整套十四支曲子，在劝导宋引章、安秀实的同时，笔墨酣畅地抒写赵盼儿的爱情理想和美好憧憬，用意就在这里。

第一支曲子用“追陪”“觅钱”概述妓女的一世生涯，为爱情火苗的燃起和婚姻纠葛的发生展开了一个充满污浊与黑暗的背景。“怎做的百纵千随”，令人感到一种对爱情理想的追求；而“知重咱风流婿”，则无疑是赵盼儿理想化的选择标准。卖笑的女子如此认真地思考、追求美好的婚姻爱情，使这折曲文带上了一种独特的喜剧性庄严。

那么盼儿心中理想的“风流婿”究竟是怎样的呢？〔混江龙〕

一曲中的“可意”“相知”就是具体标准。这就是说，双方要有一种心灵上的沟通与谐调，要能够相互理解，相互默契。用“如何”“恁的”疑问式带出，既显出循循诱导的关切，又含有一定悲愤的意味。“怕不便脚搭着脑杓成事早，怎知他手拍着胸脯悔后迟！”“早”与“迟”的时间、心态对比，暗示着现在过于草率，将来必定痛悔。用“脚搭着脑杓”来形容宋引章急于和周舍成婚的心情，生动形象；用“手拍着胸脯”来形容将来后悔的情态，使逆料中的后事也状如目前、活灵活现了。

曲文之难，难在不仅要见人神态，而且要见人心态。〔油葫芦〕一曲细腻地表现了盼儿此时的复杂心情。面对可怜老实的安秀实，她既要对宋引章的婚变有所开脱，又不时出于共同的命运，对宋的未来表现出种种担忧。“谁不待拣个称意的？他每都拣来拣去百千回。”在封建社会，妇女从一而终，妓女改嫁从良难于上青天。特殊的境遇，使她们在“老实的”“聪俊的”各种男人之间很难作出抉择。既怕“难成对”，又怕“轻抛弃”，即使小心翼翼，躲到“狗溺处”“牛屎堆”，依然免不了突然“合扑地”，“那时节睁着眼怨他谁”?“可意、相知”的理想境界和危机四伏的现实在曲中造成了巨大的反差，妓女的悲惨命运，社会的吃人本质，令人触目怵心。

妓女从良的美好愿望与嫖客择妻的想法常常是抵牾的。不是前者屈从后者，便是前者改变后者，而现实出现的常是第一种悲剧性结局。盼儿对爱情理想的炽烈憧憬，就扎根在自己“看”与“见”的痛苦人生体验中。“难分说，难告诉，空泪垂！”多少苦衷尽在不言之中。这里的垛句加强了悲剧的痛苦感和节奏感。但“便一生里孤眠”，也不放弃自己的美好理想，这就是赵盼儿刚劲执着、一往无前的精神。〔天下乐〕原是一支欢快的曲子，用在这里犹如电影中的“音画对立”，以乐衬哀，别有一番滋味。

到此，赵盼儿的性格和爱情理想已交织在情节中得到了较充分的揭示。但作者犹嫌不足，笔锋一转，引出赵盼儿对宋引章的劝说。面对自己朝夕相处的患难姐妹，〔元和令〕以下几支曲子的语气就变得更加亲切了。

如果说，“可意”“相知”的“风流婿”，作为一种合理婚姻的精神内核，仍然比较抽象的话，那么，嫖客（子弟）不能做丈夫，则是这一内在核心的外在表现。子弟“会虚脾”，必然是“可意”“相知”的反面。所以接下来〔胜葫芦〕一支曲子，便刻画了嫖客的可憎面目。“努牙突嘴，拳椎脚踢”，直人快语，用漫画式手法勾勒子弟的肖像，特征鲜明。无数事实证明，“打的你哭啼啼”并非虚言，而是不久后的现实。

“事要前思免后悔”，〔幺篇〕语重情长；“劝你不得”，包含了多少苦口婆心，逆耳忠言；“有朝一日”，则预示着喜剧矛盾的发展和高潮的出现，激起观众强大的期待心理。

《赵盼儿风月救风尘》第一折曲子，在艺术上散发着中国式幽默的芬芳，体现出中华传统审美理想的喜剧特征。在西方古典美学范畴中，喜剧的描绘对象一直被规定为是那些已经或者行将走向死亡的生活现象，喜剧性的根本性问题就在于被描绘对象自命不凡、自吹自擂、自以为是的形式，与空虚、浅薄、毫无意义的内容之间的矛盾。活跃舞台中心的常常是被讽刺的对象，如莫里哀笔下的伪君子、吝啬鬼等。但在《赵盼儿风月救风尘》中，占据戏眼的却是正面人物赵盼儿，而第一折的曲文又突出发挥了这一正面审美形象的喜剧效果。西方喜剧在邪中出奇，而《赵盼儿风月救风尘》却在正中出奇；邪中出奇易，正中出奇难。尤其是第一折曲文所显示的那种沉重的幽默、正面的幽默、痛苦的幽默，使喜剧的意味更复杂更馥郁。同时，由于在语言中运用了形象描绘方法和漫画夸张手法，如“脚搭着脑杓”“手拍着胸脯”“努牙突嘴，拳椎脚踢”等，就更造成了视听感觉接受中的喜剧感。

有人把元杂剧的四折戏看作是“启、承、转、合”，那这第一折的曲文就在全剧中具有“启”的作用，说明的作用。但这里的曲文不是静态被动的说明，在关氏笔下，“曲”的说明性被有机地交织进喜剧情节，特别是成为赵盼儿性格刻画的有机组成部分。在盼儿灼热爱情理想的烛照下，说明与戏剧动作浑然无间，不仅没有使情节开展受到丝毫阻碍，而且以赵盼儿灵魂写照的形式，赋予她的性格以多方面的光彩：大智大勇，富于同情心，向往美好生活，既有对现实的清醒认识，又有对受难姐妹的侠义热肠。这就为戏剧高潮的到来作了有力的铺垫和推进。在这里，“曲”的说明性具有一种动态的主动性。也就是说，它不仅说明了制约戏剧冲突的社会内容，而且说明了构成冲突的人物性格，因而“说明”最终也就成为戏剧冲突的本身。

（齐森华　毛时安）

赵盼儿风月救风尘 第二折

原文

〔金菊香〕想当日他暗成公事，只怕不相投。我作念你的言词，今日都应口。则你那去时，恰便似去秋。他本是薄幸的班头，还说道有恩爱、结绸缪。

〔醋葫芦〕你铺排着鸳衾和凤帱，指望效天长共地久；蓦入门知滋味便合休。几番家眼睁睁打干净待离了我这手。你做的个见死不救，可不羞杀这桃园中杀白马、宰乌牛。

〔幺篇〕那一个不磣可可道横死亡？那一个不实丕丕拔了短筹？则你这亚仙子母老实头。普天下爱女娘的子弟口，那一个不指皇天各般说咒？恰似秋风过耳早休休！

〔幺篇〕想当初有忧呵同共忧，有愁呵一处愁。他道是残生早晚丧荒丘，做了个游街野巷村务酒；你道是百年之后，立一个妇名儿，做鬼也风流。

〔后庭花〕我将这情书亲自修，教他把天机休泄漏。传示与休莽戆收心的女，拜上你浑身疼的歹事头。

你好没来由,遭他毒手,无情的棍棒抽,赤津津鲜血流,逐朝家如暴囚,怕不将性命丢!况家乡隔郑州,有谁人相睬瞅,空这般出尽丑。

〔柳叶儿〕则教你怎生消受,我索合再做个机谋。把这云鬟蝉鬓妆梳就,珊瑚钩,芙蓉扣,扭捏的身子儿别样娇柔。

〔双雁儿〕我着这粉脸儿搭救你女骷髅,割舍的一不做二不休,拼了个由他咒也波咒。不是我说大口,怎出得我这烟月手!

鉴赏

不信好人言,果有恓惶事。年轻单纯未谙人事的宋引章,经不起周舍花言巧语的诱惑,嫁给这个“酒肉场中三十载,花星整照二十年”的纨绔子弟周舍。果然如赵盼儿所说“忽地便吃了一个合扑地”,一进门就被打五十杀威棒,“看看至死,不久身亡”。情急中不得不向赵盼儿求救。赵盼儿当初是“歹姐姐把衷肠话劝妹妹”,宋引章却不听良言相劝,执意要嫁。如今是救还是不救,如果救又是怎么个救法,第二折全部曲子都贯穿着这样揪心的悬念动机,层层推进。

赵盼儿接到宋引章信后的第一反应,便是“想当日他暗成公事”的情景,以“公事”喻男女私事是赵的俏皮,“只怕不相投”,一个“只”字不只是当时宋引章“暗成公事”的急切如状目前，也包含着多少的关切和责备。把人生幸福的全部希望寄托于“薄幸”班头，哪有“恩爱”“绸缪”可言！赵盼儿是多么希望自己当初“作念”引章的“言词”变为乌有，可惜“今日都应口”。尽管引章的急切行动是出于对人的生活和价值的期待：“你铺排着鸳衾和凤帱，指望效天长共地久。”但宋引章的一意孤行，最后事与愿违，落得个“朝打暮骂”的痛苦结局，这毕竟使赵盼儿感到生气，她甚至几次想要“待离了我这手”，撒手不管了。但是艺术高手就善于平中出奇，出奇制胜，由责备宋引章的糊涂突然转而责备自己的无义，这是性格的喜剧性陡转，也给陷于沉闷的戏剧氛围带来一道活泼泼的生机。“你做的个见死不救，可不羞杀这桃园中杀白马、宰乌牛？”在赵盼儿内心的独白自责中，我们看到了沦落社会底层的人们肝胆相照、锄强扶弱的精神。剧作家没有拔高盼儿救人的精神境界，只是如实地揭示其根源：三国刘、关、张桃园结义的故事给她以鼓舞力量，使这位风尘女子一身侠胆。

“那一个不磣可可道横死亡？那一个不实丕丕拔了短筹？”排比的两个问句似问实答。“磣可可”“实丕丕”，更加重了现实的无可怀疑和“道横死亡”“拔了短筹”的惨淡氛围。到了这个地步，盼儿的责备锋芒又是一转，直指周舍。“普天下爱女娘的子弟口，那一个不指皇天各般说咒？恰似秋风过耳早休休！”赵盼儿凭着自己的丰富阅历，一眼看穿了子弟们赌咒发誓的骗术，并以入木三分的语言活画出了周舍这个风月老手的奸诈凶狠嘴脸。

阅世虽深却并不世故，在痛苦的人生阅历中保留着一颗充满同情的灵魂，这是盼儿性格的又一个侧面。在〔幺篇〕中，读者倾听到的便是一颗诚挚的灵魂对另一颗遥远的深陷苦难中的灵魂的倾诉和交流。“想当初有忧呵同共忧，有愁呵一处愁。”在一段慢板式的沉重回忆中流泻着一种深情。当日的姐妹间的同愁共忧，促膝相谈，一一如在目前。在“责备”和“设计”之间形成了一种情绪和节奏上的缓冲、过渡。这是风雨交加前的短暂沉默，蕴蓄着一种动势。

共同的命运和遭遇使赵盼儿对宋引章的痛苦感同身受：“没来由，遭他毒手，无情的棍棒抽，赤津津鲜血流，逐朝家如暴囚，怕不将性命丢。”正是这种切肤之痛，驱使赵盼儿挺身而出，亲自修书，设下计谋，决心解救患难的义妹，原先那种深沉的悲愤到这里已经渐渐升华为炽烈的复仇火焰了。

在紧接着的〔柳叶儿〕、〔双雁儿〕两支曲子中，赵盼儿便进一步为自己勾画了一尊充满正义感的复仇女神肖像。她有智，善于以其人之道还治其人之身，投其所好，“把这云鬟蝉鬓妆梳就，珊瑚钩，芙蓉扣，扭捏的身子儿别样娇柔”，以色相诱使好色的周舍上钩赚出休书；她有义，不计前隙，只念旧情，“你收拾了心上忧，你展放了眉间皱，我直着花叶不损觅归秋”，决心救引章出痛苦深渊；她有勇，关键时刻临危不惧，只身入虎穴，用“这粉脸儿搭救你女骷髅，割舍得一不做二不休”。正是这智、义、勇，使她充满必胜信念：“不是我说大口，怎出得我这烟月手！”戏到这里，一个有情有义、有胆有识的风尘侠义形象已跃然纸上。正如《曲海总目提要》所说：“小说家所载诸女子，有能识别英雄于未遇者，如红拂之于李卫公，梁夫人之于韩蕲王也；有成人之美者，如欧彬之歌人，董国度之妾也；有为豪侠而诛薄情者，女商荆十三娘也。剧中所称赵盼儿，似乎兼擅众长。”这个比较说明是颇中肯綮的。

作为妓女，赵盼儿与宋引章一样，原不过是周舍们玩弄、欺凌的对象，是被社会瞧不起的人物。然而关汉卿的笔下，一个封建社会最微贱的下层妇女，竟然成了能制伏强大敌人的英雄，从而把悲剧性的题材升华成为美丽动人的喜剧。剧作中我们看到的赵盼儿，不再是一个封建社会中身为娼妓而受人践踏、任人摆布的弱女子，相反的却完全掌握着周舍的命运，嘲弄周舍于掌上。命运被人掌握的人，反过来掌握住了操纵自己命运的人的命运。这确是惊人的幻想，但关汉卿的描写又是如此有声有色，如此真实可信，千载之下，观之犹凛凛然有生气。如果不是生活在中世纪世界艺术高峰上的作家，谁能达到这样高的艺术境界呢?

为了塑造赵盼儿的动人形象，关汉卿在语言运用上也是颇具匠心的。关汉卿是元人杂剧中本色派的代表，他的戏剧语言朴素自然，通俗浅显，运用口语，不事雕饰。《赵盼儿风月救风尘》的语言就集中了这些优点，更算得是此中翘楚。在剧作中，关汉卿大量吸收了城市下层人物的口语、谚语、成语、行话，组织成既富有生活气息，又切合人物性格的曲辞。如用“粉脸儿搭救你这女骷髅”，表明赵盼儿风月救风尘的决心，用“秋风过耳”比喻轻薄子弟的翻脸无情的迅速，用“磣可可道横死亡”“实丕丕拔了短筹”来形容惨遭死祸，都十分生动传神。从表面上看好像很粗俗，其实这些泼辣的曲词完全是性格化的语言，取譬设喻，都符合赵盼儿特定的身份。王国维谓“关汉卿一空倚傍，自铸伟词，而其言曲尽人情，字字本色，故当为元人第一”，当非过誉。

污秽中的珍珠，总是显得格外耀眼。在我国喜剧人物的画廊里，赵盼儿是一个十分光彩夺目的形象。不少地方剧种改编上演过这个剧目，如昆剧、越剧的《救风尘》，评剧、川剧的《赵盼儿》等，足见赵盼儿的形象迄今仍保持着不朽的舞台生命。

（齐森华　毛时安）

赵盼儿风月救风尘 第三折

原文

〔正宫·端正好〕则为他满怀愁，心间闷，做的个进退无门。那婆娘家一涌性，无思忖，我可也强打入迷魂阵。

〔滚绣球〕我这里微微的把气喷，输个信音，怎不教那厮背槽抛粪！更做道普天下无他这等郎君。想着容易情，忒献勤，几番家待要不问；第一来我则是可怜见无主娘亲，第二来是我惯曾为旅偏怜客，第三来也是我自己贪杯惜醉人。到那里呵，也索费些精神。

〔倘秀才〕县君的则是县君，妓人的则是妓人。怕不扭捏着身子蓦入他门，怎禁他使数的到支分，背地里暗忍。

〔滚绣球〕那好人家将粉扑儿浅淡匀，那里像咱干茨腊手抢着粉；好人家将那篦梳儿慢慢地铺鬓，那里像咱解了那襻胸带，下颏上勒一道深痕。好人家知个远近，觑个向顺，衠一味良人家风韵；那里像咱们，恰便似空房中锁定个猢狲，有那千般不实乔躯老，有万种虚嚣歹议论，断不了风尘。

〔幺篇〕俺那妹子儿有见闻，可有福分，抬举的个丈夫俊上添俊，年纪儿恰正青春。你则是忒现新，忒忘昏。更做道你眼钝，那唱词话的有两句留文："咱也曾武陵溪畔曾相识，今日佯推不认人。"我为你断梦劳魂。

〔倘秀才〕我当初倚大呵妆儇主婚，怎知我嫉妒呵特故里破亲。你这厮外相儿通疏就里村！你今日结婚姻，咱就肯罢论。

〔脱布衫〕我更是的不待饶人，我为甚不敢明闻？肋底下插柴自忍。怎见你便打他一顿？

〔小梁州〕可不道一夜夫妻百夜恩，你可便息怒停嗔。他村时节背地里使些村，对着我合思忖：那一个双同叔打杀俏红裙。

〔幺篇〕则见他恶哏哏，摸按着无情棍，便有火性的不似你个郎君。我假意儿瞒，虚科儿喷，着这厮有家难奔。妹子也，你试看咱风月救风尘。

〔二煞〕则这紧的到头终是紧，亲的原来只是亲。凭着我花朵儿身躯，笋条儿年纪，为这锦片儿前程，倒赔了几锭儿花银，拚着个十米九糠，问甚么两妇三妻。受了些万苦千辛，我着人头上气忍，不枉了一世做郎君。

〔黄钟尾〕你穷杀呵甘心受分捱贫困，你富呵休笑我饱暖生淫惹议论。您中心觑个意顺，但休了你门内人，不要你钱财使半文，早是我走将来自上门。家业家私待你六亲，肥马轻裘待你一身，倒贴了奁房和你为眷姻。我将你写了的休书正了本。

鉴赏

《赵盼儿风月救风尘》第三折是全剧重场戏，赵盼儿利用周舍好色贪财的心理，设巧计骗取他写下休书。在与周舍的几番交锋之中，赵盼儿的智慧与勇气愈发生动细致地展现出来，让观者在欢庆赵盼儿的胜利之余，也对这位风尘女子更添由衷的钦佩。并且，整场戏都带有轻喜剧意味，在轻松谐谑的氛围中，情节一步步推进，展开全剧最精彩的华章。

〔端正好〕至〔滚绣球〕这四支曲子是赵盼儿在赴郑州途中所唱，表述她前去营救宋引章的原因。在前两折中我们已经得知，赵盼儿曾经劝阻宋引章嫁周舍，遭到宋的拒绝，当时两人都说下重话，赵盼儿说："久以后你受苦呵，休来告我。"宋引章也坚决地表示："我便有那该死的罪，我也不来央告你。"在第三折的前四支曲子中，赵盼儿的表述正是对之前那番近乎决绝的对话作出的回应，面对宋引章的求救她"几番家待要不问"，然而"第一来我则是可怜见无主娘亲，第二来是我惯曾为旅偏怜客，第三来也是我自己贪杯惜醉人"。"惯曾为旅偏怜客""自己贪杯惜醉人"二语意谓经常在外漂泊流浪，对和自己一样在外做旅客的人特别同情，自己喜欢喝酒，因此也怜惜别的喝醉了的人，赵盼儿对同是烟花出身的宋引章有着深切的同情，这其中既有伸张正义、主持公道的豪侠心肠，也有着她对自己同为天涯沦落人的感慨。此后的两支曲子中，这一感慨得到了更多的抒发"县君的则是县君，妓人的则是妓人"，赵盼儿对风尘中人的身份有着清醒的认识。后一支〔滚绣球〕对此的表现更为详细："那好人家将粉扑儿浅淡匀，那里像咱干茨腊手抢着粉；好人家将那篦梳儿慢慢地铺鬓，那里像咱解了那襻胸带，下颏上勒一道深痕。好人家知个远近，觑个向顺，衠一味良人家风韵；那里像咱们，恰便似空房中锁定个猢狲，有那千般不实乔躯老"，通过"好人家"和"咱"之间的四组对比，真切又辛酸地表达出风尘女子社会地位既低、命运又注定悲惨的无奈身世，"万种虚嚣歹议论，断不了风尘"。这一段赵盼儿的内心表白，为刻画她的人物形象添上极为重要的一笔。民国时期的诗人朱湘曾撰写《救风尘》专文，认为以上赵盼儿所唱曲文，与全剧的其他一些曲文都不再仅作抒情之用，已经具备了叙事解说的功能，通过这些曲文，观众能"在心目中明白的看见赵盼儿这个老于世情、语言中肯的倡家女"。

关汉卿的不少杂剧作品都体现出他对“智”的推崇和赞美，如《包待制智斩鲁斋郎》《包待制三勘蝴蝶梦》中对包公断案智慧的彰显，又如《望江亭中秋切鲙》《杜蕊娘智赏金线池》《钱大尹智宠谢天香》《赵盼儿风月救风尘》中对女性机敏聪慧的颂扬。若比较关汉卿笔下这些富有智慧的女子，因她们的出身地位有所不同，她们的语言和思想也各有特色。如《望江亭中秋切鲙》中出身良家的谭记儿，她的机智勇敢蕴含在文静雅致的语言之中，而赵盼儿的语言风格就显得更为老练、泼辣，她的“智”来源于她对自身命运的透彻洞悉。因而，在面对风月老手周舍之时，她也动用风月手段，“以其人之道还治其人之身”，并且处处比周舍“棋高一着”。在风月场中，周舍绝非等闲之辈，他虽然垂涎美色、贪恋钱财，却也时时精明算计、处处提防上当。乍见赵盼儿，他立即赞叹“是好一个科子”，可当他认出这位美艳女子就是当初阻挠他与宋引章成婚的赵盼儿时，马上就变了脸色：“当初破亲也是你来。关了店门，则打这小闲。”赵盼儿将计就计，把阻挠周、宋婚事的原因归结为自己对周舍的思慕之情，这才使周舍消散了怒气，再次流露出好色之徒的无赖之相：“休说一两日，就是一两年，您儿也坐的将去。”此时，赵盼儿又趁热打铁，与宋引章演出一段双簧。宋引章假意来寻周舍，对他的花心薄情大为恼怒，赵盼儿便趁势挑拨周舍：“你拿着偌粗的棍棒，倘或打杀他呵，可怎了？”当周舍表示丈夫打杀老婆，不该偿命时，赵盼儿再次作势要走，“你这里坐着，点的你媳妇来骂我这一场。小闲，拦回车儿，咱回去来”。几番智斗，激得周舍终于下定决心回家休掉宋引章。为了进一步打消周舍的疑虑，赵盼儿发下重誓：“我不嫁你呵，我着堂子里马踏杀，灯草打折臁儿骨。”这番誓言看似极重，但详究其义，竟是被澡堂子里的马踩死，被灯芯草打折大腿骨，完全是荒诞无稽之语，却骗得周舍决心休妻，这无疑又是十分好笑诙谐的作剧手法。只是周舍的精明算计还有后招，要“将酒”“买羊”“买红”，即按当时风俗，通过羊酒和红定来彻底落实结姻之事。聪慧的赵盼儿也早有应对，指出自己已经准备下这些彩礼，这自备的“彩礼”为她将来的脱身提供了保障。至此，老于风月的周舍终于完全放下戒备，赵盼儿在〔二煞〕和〔黄钟尾〕两支曲子中向周舍阐明娶她的诸多好处，不仅突出自己的年轻貌美、贤惠能干，还屡屡指出自己以钱财倒贴，使好色又贪财的周舍再也没有拒绝的理由。赵盼儿的“风月救风尘”确实使人刮目相看，击节称快！在第四折中，周舍果断写下休书，宋引章得以脱身。而赵盼儿又凭借过人的智慧，不仅保住了休书，在官衙中也有理有据地驳斥了周舍对她的种种指控，终于赢得这场官司的最终胜利。

这一段赵盼儿与周舍斗智的情节，关汉卿写得极为流利顺畅，曲唱少而念白多，整折戏的情节也更显得紧凑。周舍几度作难，赵盼儿一一轻松化解，并佐以风趣幽默的语言，使智慧的光芒一直闪耀在这场交锋之中。王国维在《宋元戏曲史》中谈道：“元剧关目之拙，固不待言。此由当日未尝重视此事，故往往互相蹈袭，或草草为之。”但他同时又说：“关汉卿之《救风尘》，其布置结构，亦极意匠惨淡之致，宁较后世之传奇，有优无劣也。”《救风尘》的关目结构能博得王国维的赞赏，不仅体现在四折之间“起”“承”“转”“合”的精心排布，在本折中，结构布置也堪称“惨淡经营”。从开场的轻松调笑，到赵盼儿自述的沉郁顿挫，再到赵盼儿智斗周舍的紧张氛围，情节起伏错落，跌宕生辉，赵盼儿的人物形象更显得生动丰满、有血有肉。透过这场戏，人们看到的是一个真实的社会底层烟花女子，她在无法摆脱的悲惨命运轨迹中，仍然能绽放出非凡的见识和智谋，相比于一些文学作品中经过纯化和美化的女性形象，赵盼儿的魅力似乎更胜一筹，这也是《赵盼儿风月救风尘》一剧能绵延至今仍活跃于舞台的原因之一吧。

（袁玉冰）

赵盼儿风月救风尘 第四折

原文

〔双调·新水令〕笑吟吟案板似写着休书，则俺这脱空的故人何处。卖弄他能爱女、有权术，怎禁那得胜葫芦说到有九千句。

〔乔牌儿〕酒和羊，车上物；大红罗，自将去。你一心淫滥无是处，要将人白赖取。

〔庆东原〕俺须是卖空虚，凭着那说来了言咒誓为活路。遍花街请到娼家女，那一个不对着明香宝烛，那一个不指着皇天后土，那一个不赌着鬼戮神诛？若信这咒盟言，早死的绝门户。

〔落梅风〕则为你无思虑、忒模糊，我特故抄与你个休书题目，我眼见前放着这亲模。便有九头牛也拽不出去。

〔雁儿落〕这厮心狠毒，这厮家豪富，衠一味虚肚肠，不踏着实途路。

〔得胜令〕宋引章有亲夫，他强占作家属。淫乱心情歹，凶顽胆气粗，无徒！到处里胡为做。现放着休书，望恩官明鉴取。

〔沽美酒〕他幼年间便习儒，腹隐着九经书。他是俺共里同村一处居，接受了钗环财物，明是个良人妇。

〔太平令〕现放着保亲的堪为凭据，怎当他抢亲的百计亏图？那里是明婚正娶，公然的伤风败俗。今日个诉与太府做主，可怜见断他夫妻完聚。

〔收尾〕对恩官一一说缘故，分剖开贪夫怨女。面糊盆再休说死生交，风月所重谐燕莺侣。

鉴赏

这是关汉卿《赵盼儿风月救风尘》杂剧中的第四折，在元杂剧“启、承、转、合”四要素中起到“合”的作用，即通过剧情的不断深化从而使得剧情渐入高潮，揭示杂剧故事的结局，从而充分体现戏剧本身的矛盾冲突。第四折上接第三折的剧情，讲述的是花花公子周舍被一心救姐妹的义妓赵盼儿假意勾引，写下休书将宋引章扫地出门。宋、赵二女拿到休书即欲逃走，不想被周舍赶上。周舍用虚言哄骗宋引章，企图毁坏休书，幸亏赵盼儿早有准备，使一个调包计，以假休书换去了真休书。后来，赵盼儿又在言语交锋上挫败了周舍，让周舍恼羞成怒，将二女告到官府。郑州守李公弼接到状告，了解案情，又遇到得了赵盼儿消息的安秀实前来状告周舍强抢人妻。最后，官府判定周舍败诉，杖刑六十，宋引章仍归安秀实为妻。

本折是赵盼儿与周舍正面交锋的关键一折，所以除去唱词之外，本折中有大量的科白文字。甫一开场，喜新厌旧的周舍一纸休书将宋引章赶出家门，这与本剧开头宋引章眼中浓情蜜意的爱人形象形成鲜明对比。一句“你当初要我时怎么样说来”，既呼应了前文，又加深了剧情的矛盾冲突。宋引章走出家门，说一句“周舍，你好痴也！赵盼儿姐姐，你好强也”，既叹周舍无情，也对赵盼儿机智的相救给予了正面的赞扬。不一会，周舍发现自己上当中计，就要出门追赶。在这里，作者设计了一个小插曲：“（周舍云）倒着他道儿了！将马来，我赶将他去。（小二云）马揣驹了。（周舍云）鞁骡子。（小二云）骡子漏蹄。（周舍云）这等，我步行赶将他去。”这看似无关紧要的一笔，实际上恰是作者对喜剧举重若轻的把握能力的体现，增加了剧情的风趣幽默，让观剧者不由得会心一笑。作者正是在全文中通过一个又一个细节描写，巧妙地构成一连串饶有趣味的喜剧性情节，从而把一个悲剧性的题材升华成为动人心弦的喜剧故事。

〔新水令〕一曲，唱的是赵盼儿假意勾引的情节，“笑吟吟”强调赵盼儿设计时的巧劲，“得胜葫芦”则指的是赵盼儿能说会道的一张嘴。正是因为赵盼儿拥有比宋引章更为广博的阅历和经验，才能以“风月计”救回“风尘女”。

接下来，是一段人物个性十分鲜明的双方交锋。周舍毕竟老到，只一句“休书上手模印五个指头，那里四个指头的是休书？”就哄得幼稚单纯的宋引章拿出休书。周舍一把扯碎休书，胜利的天平看似要向周舍这边倾斜。周舍又不依不饶，要霸占赵盼儿。赵盼儿早有准备，轻松化解了周舍“吃酒、受羊、受红定”的指控，这让观剧者恍然大悟：原来赵盼儿在来郑州时准备的“酒和羊，车上物；大红罗，自将去”之类，实则都是为下文剧情发展而埋下的伏笔。周舍无奈，只得祭出上文“赌咒”盟誓的“法宝”企图扳回一城，这更招来了赵盼儿无情的嘲笑：“俺须是卖空虚，凭着那说来了言咒誓为活路。遍花街请到娼家女，那一个不对着明香宝烛，那一个不指着皇天后土，那一个不赌着鬼戮神诛？若信这咒盟言，早死的绝门户。”周舍巧言哄骗宋引章嫁给自己，见异思迁之后，恰换来赵盼儿的假咒虚盟。其实，赵盼儿以“虚脾”对周舍取得成功的“妙计”又何尝不是对于那个男权社会的嘲讽？好“色”者反受“色”害，“虚脾”者终被“虚脾”伤，这看似是一种因果的轮回，但归根结蒂，又何尝不是那个时代女性的悲哀？社会的不公，于此时尽显丑态。中国传统文化素有“以其人之道还治其人之身”的思想，又有“善恶因果皆得正报”之说，似乎只要是为了伸张正义、急人之难所采取的行动，其行为本身是否合于礼法倒是在其次了。

此时，宋引章正为休书被扯而焦急万分，又惧怕回到周家后遭到打骂。在挫败了周舍之后，赵盼儿则不忘“揶揄”一下宋引章“则为你无思虑、忒模糊”，以报当日好言劝阻宋引章嫁周舍时受到的猜忌和不理解，随后才告知宋引章休书被换，真迹尚在。演到这里，观众高悬的一颗心才算落地，直叫人不由得赞叹起赵盼儿的处事周密，而赵盼儿的人物形象也更加鲜明。这一次，周舍再要来抢夺，已是“魔高一尺，道高一丈”，他的对手早已换做是赵盼儿。这次又如何能够得逞？

周舍告到官府，李公弼明堂断案。在这里，关汉卿的作品体现出了元代特有的社会特点，这种明君清官断案的套路也直接影响了后代很多同类戏剧的创作。元代是讲等级的社会，“七匠、八娼、九儒、十丐”，娼和儒都来自社会的底层，这也是造成宋引章开头要嫁周舍而不嫁安秀实（儒生）的社会根源。即便机智聪明如赵盼儿，终还是那个时期的弱者，以一己之力虽能骗周舍写下休书，但尚不足以伸张正义，让周舍罢手，这时便需要由“官”来收场。幸好这官还算不糊涂，否则遇上像《窦娥冤》中的贪官或者《十五贯》中的糊涂官，宋引章的“风月”苦还是救不了的。

公堂之上，面对周舍的指控，赵盼儿有理有节，针锋相对，一着不让，这哪里像是一个风尘女子，倒更像是莎士比亚《威尼斯商人》中智斗高利贷者夏洛克的鲍西娅，也确如《曲海总目提要》中所说的那样，兼擅红拂、欧阳彬之歌人、荆十三娘等女中豪杰之众长。〔雁儿落〕一曲抨击了周舍所代表的奸猾心狠的无良公子，〔得胜令〕则挑明周舍强抢人妻在先，休妻胡为在后的“事实”。

这时，得到赵盼儿消息的安秀实上场，反告周舍强抢人妻。作者在这里步步深入，剥茧抽丝般的展开剧情，确实让人叹服。“他幼年间便习儒，腹隐着九经书；又是俺共里同村一处居，接受了钗环财物，明是个良人妇”、“现放着保亲的堪为凭据，怎当他抢亲的百计亏图？那里是明婚正娶，公然的伤风败俗！今日个诉与太府做主，可怜见断他夫妻完聚”，这两句唱词也进一步向李公弼解释了故事的来龙去脉，从而让“官”逐渐站到了“娼”和“儒”的这一边来。最后，李公弼断案：“周舍杖六十，与民一体当差。宋引章仍归安秀才为妻；赵盼儿等宁家住坐。”奸人伏法，好人如愿，整出戏终以喜剧收场。

在第四折中，全剧的主题得到揭示。周舍的狡诈、宋引章的幼稚、赵盼儿的机智，在这里都得到鲜明深刻的表现，不愧为全剧中最精彩的一场戏。而本剧也正是通过人物的鲜明对比和前后文的相互映衬，从而在强烈的“戏弄”氛围中营造出别具一格的喜剧效果。

（浦海涅）

望江亭中秋切鲙 第一折

原文

〔仙吕·点绛唇〕我则为锦帐春阑，绣衾香散，深闺晚，粉谢脂残，到的这、日暮愁无限。

〔混江龙〕我为甚一声长叹？玉容寂寞泪阑干。则这花枝里外，竹影中间，气吁的片片飞花纷似雨，泪洒的珊珊青竹染成斑。我想着香闺少女，但生的嫩色娇颜，都只爱朝云暮雨，那个肯凤只鸾单。这愁烦恰便似海来深，可兀的无边岸。怎守得三贞九烈，敢早着了钻懒帮闲。

〔村里迓鼓〕怎如得您这出家儿清静，到大来一身散诞。自从俺儿夫亡故，再没个相随相伴，俺也曾把世味亲尝，人情识破，怕什么尘缘羁绊？俺如今扫罢了蛾眉，净洗了粉脸，卸下了云鬟。姑姑也，待甘心捱您这粗茶淡饭。

〔元和令〕则您那素斋食刚一餐，怎知我粗米饭也曾惯。俺从今把心猿意马紧牢拴，将繁华不挂眼。您道是看时容易画时难，俺怎生就住不的山，坐不的关，烧不的药，炼不的丹。

〔上马娇〕咱则是语话间有甚干，姑姑也，您便待做了筵席上撮合山。怎把那隔墙花，强攀做连枝看。把门关，将人来紧遮拦。

〔胜葫芦〕你却便引的人来心恶烦，可甚的撒手不为奸。你暗埋伏，隐藏着谁家汉。俺和你几年价来往，倾心儿契合，则今日索分颜。

〔幺篇〕姑姑，你只待送下我高唐十二山，枉展污了你这七星坛。说甚么锦片前程真个罕。一会儿甜言热趱，一会儿恶叉白赖。姑姑也，只被你直着俺两下做人难。

〔后庭花〕你着他休忘了容易间，则这十个字莫放闲，岂不闻芳槿无终日，贞松耐岁寒。姑姑也，非是我要拿班，只怕他将咱轻慢。我、我、我，撺断的上了竿，你、你、你，掇梯儿着眼看。他、他、他，把凤求凰暗里弹，我、我、我，背王孙去不还。只愿他肯、肯、肯做一心人，不转关，我和他，守、守、守白头吟，非浪侃。

〔柳叶儿〕姑姑也，你若题着这桩儿公案，则你那观名儿唤做“清安”。你道是蜂媒蝶使从来惯，怕有人担疾患，到你行求丸散，则你与他这一服灵丹。姑姑也，你专医那枕冷衾寒。

〔赚煞尾〕这行程则宜疾不宜晚。休想我着那别人绊翻，不用追求相趁赶，则他这等闲人，怎得见我这容颜。姑姑也，你放心安，不索恁语话相关。收了缆，撅了桩，踹跳板，挂起这秋风布帆，是看那碧云两岸，落可便轻舟已过万重山。

鉴赏

《望江亭中秋切鲙》是关汉卿杂剧作品中颇为著名的一部喜剧，本剧成功塑造了谭记儿这样美丽出众，富有才情，又兼具有强烈反抗意识的女性形象，一直为历代文人所激赏。本剧传世有明息机子编《杂剧选》本顾曲斋刊《古杂剧》本和臧懋循《元曲选》本，各本之间字词略有不同。

《望江亭中秋切鲙》一剧属元杂剧中的旦本，由旦角一人主唱贯穿始终。在首折中，年轻的寡妇谭记儿在清安观内经庵主白姑姑介绍，认识了白姑姑的侄儿、即将去潭州赴任的白士中。白士中爱慕谭记儿的品貌，自己妻子恰又亡故，故而求白姑姑作伐撮合二人的婚事。谭记儿起初碍于礼教的约束执意不肯，后终经不住白姑姑的反复劝说，提出必须白士中答应一心待她，才肯应允婚事。白士中答应了谭记儿的要求，带着她赴任去了。

开篇，由清庵观观主白姑姑引出故事的女主人公——已故学士李希颜之妻，“模样过人”的谭记儿。刚出场的谭记儿，不过是一个被礼教束缚了手脚的寡居无事的妇人，每日只在清庵观内与道姑们闲话，只在心底里觉得“做妇人的没了丈夫，身无所主，好苦人也呵”。谭记儿的出身，剧中未作叙述，但是既然是学士之妻，即便不是书香门第里略通诗书的小姐，也至少已在饱学文士身边耳濡目染了多时。这样的女子一方面因为接受了封建文化的洗礼，故而容易被传统礼教所束缚；但另一方面，也正是因为她识文断字略通诗书，也更容易产生女性自我意识的觉醒。谭记儿年少守寡，与白士中相见之时，已为亡夫守节三年。谭记儿的寡妇时光既是“玉容寂寞泪阑干”，又是“到的这日暮愁无限”，这两支〔点绛唇〕、〔混江龙〕正唱出了谭记儿身无所主的寂寞与面对“钻懒帮闲”纠缠时的愁闷。“怎守得三贞九烈”一句则为后文谭记儿经白姑姑说合改嫁白士中埋下了伏笔。

此时的谭记儿守节已三年，心生诸多烦恼，意欲遁入空门以避世。而白姑姑刚刚向自己的侄儿白士中推荐了谭记儿作为续弦的人选，听闻谭记儿意欲出家，自然不会放弃这一机会。自古道姑名列“三姑六婆”之中，在传统戏曲中也常以巧舌如簧的面目出现。白姑姑经验老到，一眼便看穿了埋藏在谭记儿内心中的欲望，从一顿素斋入手，断言“夫人，你那里出得家？”继而又反复劝说谭记儿再嫁。果然，谭记儿意欲出家不过是一时的念想，在她心底，想的却是：“这终身之事，我也曾想来：若有似俺男儿知重我的，便嫁他去也罢。”〔村里迓鼓〕与〔元和令〕两曲轻描淡写，让人不难看出谭记儿并非一心为亡夫守节，只是担心所托非人，遇不到“有似俺男儿知重我的”知心人罢了。

新授潭州的白士中鳏居有日，此次到清庵观拜望姑姑，恰逢姑姑说起此厢有一寡妇谭记儿“大有颜色”。白士中十分有意，便听从白姑姑之言，躲在壁衣之后偷瞧。待听到姑姑的暗示，白士中便上前与谭记儿相见。谭记儿这才明白了白姑姑的真实用意，但又担心遇人不淑，从〔上马娇〕至〔幺篇〕这三支曲子反映了谭记儿的态度由硬转软的过程：一上来，谭记儿责怪白姑姑乱点鸳鸯谱，正待作势要走，不防白姑姑先她一步关上了大门；谭记儿欲走遭“遮拦”，转而要“分颜”嗔怪白姑姑。白姑姑见再三劝告无果，就谎称谭记儿“不守志，领着人来打搅”道观，要去报官。谭记儿一则担心寡妇门前是非多，有理说不清，二则自己内心深处确有再嫁之念，不过是被礼教束缚了手脚，又担心所托非人罢了，事到如今，索性顺水推舟，看似百般无奈，实则正中下怀。

面对白士中的求娶，谭记儿提出“芳槿无终日，贞松耐岁寒”一句作为再嫁的底线，便是要白士中不要只看自己一时的美貌，而须能经得起时间的考验，一心一意地善待自己。这里借用西汉司马相如与卓文君的爱情故事，一则是因为这段佳话由来已久，已成为旧时青年男女大胆追求爱情的典型案例，二则是因为这其中又暗合了谭记儿寡妇的身份，借古喻今。在这里，谭记儿丝毫不因自己的寡妇身份而放低要求，倘若遇不到一心一意“知重”自己的男儿，她不惜遁入空门；另一方面，她又不惮于展示自己内心世界的爱情观，大胆炽热的追求爱情。至此谭记儿也从一个只是“模样过人”的花瓶形象，继而升华到一个敢于直面人生，大胆追求幸福的新女性形象，这样的形象在旧时代的女性中是非常难能可贵的。一旦决定要嫁给白士中，谭记儿便义无反顾，“这行程则宜疾不宜晚”，同时又燃起了对新的爱情的忠贞，将走出了礼教束缚，大胆追求幸福的谭记儿形象烘托得更加丰满。

此折虽是《望江亭中秋切鲙》杂剧开篇布局的一折，为的是引出下文杨衙内设计陷害白士中，谭记儿乔装智斗杨衙内的故事，但单独来看，仍不失为一出极富戏剧性的独幕剧，再联系下文，我们更能从此节的字里行间，看出关汉卿情节设计的巧妙。

（浦海涅）

望江亭中秋切鲙 第二折

原文

〔中吕·粉蝶儿〕不听的报喏声齐，大古里坐衙来恁时节不退。你便要接新官，也合通报咱知。又无甚紧文书、忙公事，可着我心儿里不会，转过这影壁偷窥，可怎生独自个死临侵地。

〔醉春风〕常言道人死不知心，则他这海深也须见底。多管是前妻将书至，知他娶了新妻，他心儿里悔、悔。你做的个弃旧怜新，他则是见咱有意，使这般巧谋奸计。

〔红绣鞋〕把似你则守着一家一计，谁着你收拾下两妇三妻。你常好是七八下里不伶俐。堪相守留着相守，可别离与个别离，这公事合行的不在你！

〔普天乐〕弃旧的委实难，迎新的终容易。新的是半路里姻眷，旧的是绾角儿夫妻。我虽是个妇女身，我虽是个裙钗辈，见别人眨眼抬头，我早先知来意。不是我卖弄所事精细，直等的恩断意绝，眉南面北，恁时节水尽鹅飞。

〔十二月〕你道他是花花太岁，要强逼的我步步相随。我呵，怕甚么天翻地覆，就顺着他雨约云期。这桩事，你只睁眼儿觑者，看怎生的发付他赖骨顽皮。

〔尧民歌〕呀，着那厮得便宜翻做了落便宜，着那厮满船空载月明归。你休得便乞留乞良槌跌自伤悲。你看我淡妆不用画蛾眉，今也波日我亲身到那里，看那厮有备应无备。

〔煞尾〕我着那厮磕着头见一番。恰便似神羊儿忙跪膝。直着他船横缆断在江心里，我可便智赚了金牌，着他去不得。

鉴赏

此折为关汉卿《望江亭中秋切鲙》杂剧的第二折，也是剧情承前启后、层层深入的一折。本折开头杨衙内登场，因白士中迎娶谭记儿一事怀恨在心，诬告白士中“贪花恋酒，不理公事”，奉了圣人的势剑金牌要取白士中性命。谭记儿在杨衙内眼中亦是“大有颜色”的女子，这再一次肯定了谭记儿的美貌。只是杨衙内并非识趣之人，他只想占有谭记儿的美色，让她“做个小夫人”，而无视谭记儿本人追求幸福爱情的意愿，更无从了解隐藏在谭记儿内心之中的坚毅果敢与聪明才智。相比杨衙内，白士中对于谭记儿的理解则深刻得多。白士中虽然在上一折中也一度以为谭记儿只是“模样过人”，但一段时间相处下来，却发觉“谁想此女子十分贤达，聪明智慧，是个佳人的领袖，美女的班头，天然聪明”，这也为下文谭记儿智斗杨衙内做了铺垫。

此时的谭记儿，虽然刚与白士中新婚燕尔，正是如胶似漆的时节，但是在她心中却仍然存着芥蒂：到底白士中是否能像迎娶她时答应自己的那样秉持“芳槿无终日，贞松耐岁寒”之念，“肯做一心人不转关”？这一日，谭记儿发现白士中未曾像往常一样坐罢早衙便回内宅，〔粉蝶儿〕一曲就唱出了谭记儿内心的疑窦，也颇能体现谭记儿的心思缜密。她在“影壁观窥”，看见白士中手里拿着一张纸，以为是白士中家中妻儿来信，心中陡起了醋意，一来嗔怪白士中弃旧怜新，停妻再娶；再则又在责怪白士中见色起意，编个妻子亡故的谎言哄骗自己。在这样的情绪下，谭记儿来到白士中跟前，追问白士中可是家中夫人有书信到此。白士中不愿夫人担心，只说是因为“我自有一桩摆不下的公事”，故而未回内宅，而不言杨衙内陷害自己之事。这样的推脱之词反而似乎更加印证了谭记儿心中的疑虑。〔红绣鞋〕中“把似你则守着一家一计，谁着你收拾下两妇三妻。你常好是七八下里不伶俐，堪相守留着相守。可别离与个别离，这公事合行的不在你！”数句如连珠炮一般向白士中发难。白士中越是绝口不提书信之事，谭记儿就越发怀疑，在〔普天乐〕一曲中，她不惜以“恩断义绝”“眉南面北”“水尽鹅飞”相威胁。在这里，关汉卿故布疑阵，为的是给白、谭二人的感情制造一个逐步升华的过程，谭记儿也正是在这种“制造矛盾—矛盾解开”的故事情节中对自己的感情有了更坚定的认识。

“弃旧的委实难，迎新的终容易。新的是半路里姻眷，旧的是绾角儿夫妻。”谭记儿之前是学士李希颜明媒正娶的妻子，现在是白士中亡妻再娶的续弦，故而她对“绾角儿夫妻”的感情非常理解，由此也对她以为的白士中“弃旧迎新”的行为更为不满。而“我虽是个妇女身，我虽是个裙钗辈，见别人眨眼抬头，我早先知来意”一段唱词，借谭记儿之口将一个善于察言观色的聪慧妇女形象描绘得有声有色。

直到谭记儿以死相逼之时，白士中这才将真相告知，原来并非为有家书来到有意隐瞒，而是天降祸事不愿妻子担心罢了。得知真相，解开心结后的谭记儿马上展现出了她的果敢与智慧。白士中因为花花太岁杨衙内诬告一事而烦恼，但这些在谭记儿眼中则不值一提。她首先对丈夫眼中的花花太岁杨衙内报以蔑视的嘲讽，继而又向白士中表明心迹：“这桩事你只睁眼儿觑者，看怎生的发付他赖骨顽皮。”面对无赖衙内的阴险狡诈，谭记儿并不像白士中那般只知“因此上烦恼”却无对敌良策，也不似无用女子一般只会“乞留乞良”作抽泣状，更不会捶胸顿足的“槌跌自伤悲”。在谭记儿眼中，杨衙内不过似屈膝跪地任人宰割的祭祀用的“神羊儿”，她只需略施小计便能让其就范，体现出谭记儿踌躇满志，定要让杨衙内之流“满船空载月明归”的决心，对下文智斗杨衙内之事，谭记儿早已成竹在胸，后事的发展也正如现在谭记儿所预料的那样，这既是为第三折斗衙内的情节做铺垫，同时谭记儿这一足智多谋的女性形象也跃然纸上。

如果说第一折的描写反映的是谭记儿由深受礼教束缚走向追求婚姻自由的改变的话，那么在本折中关汉卿则是着力于将谭记儿的聪慧与机警展现在世人面前，先借杨衙内之口赞美她的美貌，再借白士中之眼发现她的贤达与智慧，当与白士中之间因为一封家书所产生的误会冰释之后，当谭记儿相信丈夫对自己忠贞无疑之后，这个美貌与聪慧并存的女子展现出了巾帼不让须眉的超凡魄力与智慧。在她面前，花花太岁杨衙内自然不值一提，就是这金榜题名的白士中与之相比也不免相形见绌。处处铺垫，层层递进，描摹人物形象生动，这大概就是元曲大家关汉卿的高明之处吧。

（浦海涅）

望江亭中秋切鲙 第三折

原文

〔越调·斗鹌鹑〕则这今晚开筵，正是中秋令节。只合低唱浅斟，莫待他花残月缺。见了的珍奇，不消的咱说。则这鱼鳞甲鲜，滋味别。这鱼不宜那水煮油煎，则是那薄批细切。

〔紫花儿序〕俺则待稍关打节，怕有那惯施舍的经商，不请言赊。则俺这篮中鱼尾，又不比案上罗列，活计全别。俺则是一撒网一蓑衣一箬笠，先图些打捏[①]。只问那肯买的哥哥，照顾俺也些些。

〔金蕉叶〕相公你若是报一声着人远接，怕不的船儿上有五十座笙歌摆设。你为公事来到这些，不知你怎生做兀的关节？

〔调笑令〕若是贱妾，晚来些，相公船儿上黑鼾鼾[②]的熟睡歇，则你那金牌势剑身傍列。见官人远离一射，索用甚从人拦当者，俺只待拖狗皮的拷断他腰截。

〔鬼三台〕不是我夸贞烈，世不曾和个人儿热。我丑则丑刁决古懒，不由我见官人便心邪，我也立不的志节。官人你救黎民为人须为彻，拿滥官杀人须见血。我呵只为你这眼去眉来，使不着我那冰清玉洁。

〔圣药王〕珠冠儿怎戴者，霞帔儿怎挂者，这三檐伞怎向顶门遮。唤侍妾，簇捧者。我从来打鱼船上扭的那身子儿别，替你稳坐七香车。

〔秃厮儿〕那厮也忒懵懂玉山低趄，着鬼祟醉眼乜斜，我将这金牌虎符都袖褪③者。唤相公，早醒些，快迭。

〔络丝娘〕我且回身将杨衙内深深的拜谢，您娘向急飐飐④船儿上去也。到家对儿夫尽分说，那一番周折。

〔收尾〕从今不受人磨灭，稳情取好夫妻百年喜悦。俺这里美孜孜在芙蓉帐笑春风，只他那冷清清杨柳岸伴残月。

〔马鞍儿〕想着想着跌脚儿叫。想着想着我难熬。

酩子里愁肠酩子里⑤焦。又不敢着傍人知道，则把他这好香烧，好香烧，咒的他热肉儿跳。

〔注〕

① 打捏：钱财。
② 齁齁(hōu)：鼾声。
③ 袖褪：藏在袖子里。
④ 飐飐(zhǎn)：风吹物动貌。
⑤ 酩(mǐng)子里：暗地里。

鉴赏

《望江亭中秋切鲙》是一部著名的喜剧，第三折的内容是描写谭记儿化装渔妇，来到杨衙内泊舟的望江亭，赚走了势剑、金牌和朝廷文书。杨衙内酒醒之后，只能急得跳脚了。

《望江亭中秋切鲙》现存臧晋叔《元曲选》和顾曲斋《古杂剧》两种刊本。这里据《元曲选》本摘录第三折全套曲文。由正旦饰谭记儿主唱。根据剧情内容，大致可以分为三个段落。〔斗鹌鹑〕和〔紫花儿序〕是谭记儿上场时的独唱。这时，冲突还没有正面展开。在这种场合，戏曲中常用节奏比较徐缓的唱段描述人物所处的境况和心绪。这正是中秋佳节，万家团聚，贵人们浅斟低唱的良宵。杨衙内孤守江滨，其落寞寂寥，自然是不消说了。年轻美貌的谭记儿携来金色鲤鱼，“鳞甲鲜，滋味别”，无疑是非常诱人的钓饵。〔斗鹌鹑〕轻描淡写，点染环境气氛，将观众渐渐引到戏里，甚为得体。“薄批细切”即把鱼切成薄片，是做生鱼片的切法，也就是所谓“切鲙”了。〔紫花儿序〕接着叙说这鱼是给杨衙内做见面礼，用以打通关节的，千万不要碰上那舍得花钱的商人们先来赊买。它不比店铺案板上的摆列，那可是不一样的。这里以“一撒网一蓑衣一箬笠”打鱼的形象，唤起观众（读者）的想象，形容鱼尾的鲜美，别致而平易，富有诗意。最后两句：“只问那肯买的哥哥，照顾俺也些些”，暗指此行目的，活泼自然。看来，谭记儿乔装改扮，冒险来到这里，心情并不紧张，而是相当轻松的。这说明她事先早做好了充分的思想准备。

从〔金蕉叶〕到〔圣药王〕四曲是谭记儿与杨衙内见面以后的唱词。杨衙内说，他是专为杀白士中而来，因怕走漏消息，故不要官府迎接。谭记儿顺着他的口气，假意奉承他此来是为民除害，只要自己开口，少不得有“五十座笙歌摆设”迎接；并试探他为这桩“公事”做了怎样的谋划：“不知你怎生做兀的关节？”“兀的”意为怎的、什么样的；“关节”在这里有计谋、机关的意思。杨衙内说：“小娘子早是来的早，若来的迟呵，小官歇息了。”谭记儿接唱〔调笑令〕，还是接着他的话茬，吹嘘他身为钦差大臣，身边排列势剑金牌，威风凛凛，谁见了都要离得远远的（“远离一射”意为远离一箭之地），根本用不着从人们拦挡，否则就像拖死狗那样打断他的腰杆子（“腰截”，即腰节）。这些话，在志得意满、飞扬跋扈的杨衙内听来，自然是非常入耳的。欲取先予，显示了谭记儿聪明老练的性格特点。当杨衙内提出要娶她作“第二房夫人”时，谭记儿假意应允，唱〔鬼三台〕，表白自己虽然秉性贞烈，倔强执拗（“我丑则丑刁决古懒”，这里的“丑”字是脾气不好的意思），但是，见了你杨衙内却不能不动心，再也使不得那冰清玉洁了。〔圣药王〕曲更进一步，仿佛杨衙内的迎亲仪仗已经摆在面前，只等成亲了："珠冠儿怎戴者，霞帔儿怎挂者，这三檐伞怎向顶门遮。"叠用三个加强语气的问句，接唱"唤侍妾，簇捧者"，重押三个"者"字，节奏轻快紧凑，着意渲染谭记儿似乎受宠若惊、欢欣雀跃的情态，并以肯定的"替你稳坐七香车"结束全曲。这生动地刻画了谭记儿聪颖机变的艺术形象，可以看到贪花恋酒的杨衙内是怎样被她玩弄于股掌之中，动作性很强，是非常精彩的戏剧语言。曲中的"珠冠儿"指缀有珠宝的帽子，"霞帔儿"是绣有花色的长背心，都是贵妇用的衣饰，"三檐伞"和"七香车"也是官僚贵族才能使用的器物。

〔秃厮儿〕等三支曲文是谭记儿下场前的独唱。杨衙内坠入了她精心设下的圈套，烂醉如泥，"玉山低趄"（"玉山"指身躯，"趄"是脚步不稳，这是形容酒醉的样子），"醉眼乜斜"（"乜斜"是眼睛半开半闭的神态），丑态百出。那象征权势的金牌势剑，谭记儿垂手即得。这时，她没忘记"唤相公，早醒些，快迭（快点）"，"我且回身将杨衙内深深的拜谢"。是得意，也是蔑视。淡淡两句，讥讽之态，溢于言表。谭记儿是很有幽默感的。杨衙内自称"花花太岁为第一，浪子丧门世无对"（第二折上场诗），是无恶不作的权豪势要，也是元杂剧中常见的一种类型。对这种货色，《望江亭》更多地采取了嘲弄揶揄的态度。所以，尽管这是一场紧张的生死搏斗，却不是剑拔弩张的。对谭记儿说来，这番经历只是给他们夫妻增添了谈笑的话柄："到家对儿夫尽分说，那一番周折。"举重若轻，胜过多少句豪言壮语。轻快舒畅，尽在不言之中。到此，谭记儿与杨衙内之间的直接冲突已经结束，一折戏也近于尾声。这就不再过多地滞泥于具体的戏剧情节，而是从人物感情的升华，摹写较为空灵宽阔的意境。最后两句："俺这里美孜孜在芙蓉帐笑春风，只他那冷清清杨柳岸伴残月"，化用白居易《长恨歌》"芙蓉帐暖度春宵"和柳永《雨霖铃》"杨柳岸晓风残月"的名句，畅想自己夫妻的喜悦和杨衙内的懊丧，对照鲜明，谑不伤雅，含有余不尽之意。〔收尾〕是套数中必不可少的重要组成部分，世有"诗头曲尾"之说。明末路迪《鸳鸯绦》传奇第二十出《本色》中，借剧中人物讲到："尾声儿是百尺竿稍，须一言截断惊涛。倘是本枝末句可含包，又何须赘词相扰。"本折收尾不即不离，恰到好处，可以领略"豹尾"的写作技巧。

最后，杨衙内及其手下人合唱了一支〔马鞍儿〕。元杂剧向来是一人主唱，这种处理属于破例，是不常见的。下场前，饰演杨衙内的角色有句说白："这厮每(们)扮戏那！"(顾曲斋本作："这厮每扮南戏那！")表明这段表演的插科打诨性质。〔马鞍儿〕是南戏曲牌。这种手法的运用，究竟是原作的本来面目，或是后人的创造，戏曲史家有不同的认识，还待进一步探讨。这段通俗滑稽的曲文，描绘杨衙内噬脐莫及的丑态，无疑增添了作品的戏剧效果。

王国维《宋元戏曲考》评价关汉卿"一空倚傍，自铸伟词，而其言曲尽人情，字字本色，故当为元人第一"。《望江亭中秋切鲙》也表现了关汉卿戏剧语言力求本色的特色。它不避俚俗，将常言俗语、古典诗词等丰富的语言素材融为一体，炼作曲文，真切自然，通俗易懂，生动地刻画了人物性格。曲中摹写戏剧动作，也颇具文采。采用〔越调・斗鹌鹑〕套数，则是发挥这种宫调的音乐语言"陶写冷笑"(见元人燕南芝庵《唱论》)的特点，更好地表现了讽刺喜剧的内容，增强了作品的风格感。善于将戏剧性、文学性和音乐性巧妙地结合在一起，力求作品的思想内容和艺术形式的吻合，正是关汉卿当行出色之处。《望江亭》一剧，京剧、川剧等剧种均有改编演出。

（颜长珂）

望江亭中秋切鲙 第四折

原文

〔双调·新水令〕有这等倚权豪贪酒色滥官员，将俺个有儿夫的媳妇来欺骗。他只待强拆开我长搀搀的连理枝，生摆断我颤巍巍的并头莲；其实负屈衔冤，好将俺穷百姓可怜见！

〔沉醉东风〕杨衙内官高势显，昨夜个说地谈天，只道他仗金牌将夫婿诛，恰元来击云板请夫人见。只听的叫吖吖嚷成一片，抵多少笙歌引至画堂前。看他可认的我有些面善？

〔雁儿落〕只他那身常在柳陌眠，脚不离花街串，几年闻姓名，今日逢颜面。

〔得胜令〕呀！请你个杨衙内少埋冤。吓的他半晌只茫然，又无那八棒十枷罪，止不过三交两句言。这一只渔船，只费得半夜工夫缠，俺两口儿，今年做一个中秋八月圆。

鉴赏

在上一折即第三折中，谭记儿以她的机智勇敢骗取了杨衙内的势剑金牌，这一折则在公堂上正面揭开他的邪恶嘴脸。

上一折中的谭记儿，虽然身入虎穴取得了所要得到的东西，但她毕竟是以一个青年妇女的美丽姿容作为斗争的工具的。这本身就含着强烈的辛酸成分。这种辛酸成分，在和杨衙内周旋的紧张时刻，难以得到表露的机会，而这一折的开场，她单独出场时，作者有机会扎扎实实地补了一笔，让谭记儿痛快地抒发一下对于权豪恶霸的仇恨心情。在首曲〔新水令〕中她痛骂杨衙内是一个依权豪、贪酒色的滥官员，痛骂他不该欺逼有夫之妇，并在句首冠以“有这等”三个字，倾泄那积压在心头的无比愤怒。紧接着便以“连理枝”“并头莲”为譬喻，分别加上形容词“长搀搀”“颤巍巍”来加重她和白士中夫妻恩爱的感情分量，从而达到对于“强拆开”“生折断”的罪恶的控诉。最后以“其实负屈衔冤，好叫俺穷百姓可怜见”作结，把谭记儿个人的遭遇，扩展到多数的“穷百姓”中间去，引导人们直面当时的黑暗统治，使这一剧作获得了广阔的社会意义。这里“负屈衔冤”上的“其实”二字，并非只是一般戏曲中习用的虚词，而是从实质上强调说明谭记儿虽然赢得了这场斗争，仍然是一个真正的“负屈衔冤”“可怜见”的“穷百姓”。作者在这里没有把笔触停留在谭记儿表面的胜利喜悦上，而是透过表象，直指深层，揭示了她机智勇敢以外的深沉的一面，显示了作者的现实主义精神，使这一“喜剧”益加显现了力量。

第二支〔沉醉东风〕，白士中应杨衙内的请求，谭记儿以白夫人身份，在一阵云板声中，从后堂走出。此刻谭记儿穿一身耀眼的新装，打扮得天人模样，比起昨晚渔船切鲙的渔娘，益加光彩照人。按照剧情的发展，昨晚改装的谜底，马上就要揭开，谭记儿感到快意，出现了喜剧氛围。“杨衙内官高势显，昨夜个说地谈天，只道他仗金牌将夫婿诛，恰元来击云板请夫人见。”前三句对杨衙内不可一世的骄横气焰，概括地回顾一笔，紧接着便以“恰元来”三字一转，转到了自己——白士中的夫人在云板声中走了出来。得意的神态，如闻如见。而这时候的公堂上，已喧声大作，那是衙役们对杨衙内的吆喝和对自己的欢呼，谭记儿满怀胜利的喜悦和谜底就要揭穿的激动心情，觉得这场面比“笙歌引至画堂前”成婚的场面还要令人鼓舞欢欣多少倍。“看他可认的我有些面善?”把昨晚改装的一幕，轻轻地勾了回来，映带成趣。整支曲子，在谭记儿款款行进中唱出，衬托着衙役、白士中，特别是那个丑恶的杨衙内，舞台画面是相当好看的。

在唱〔雁儿落〕这支曲子时，谭记儿已经和杨衙内打过照面，并俏皮地说过了“恕生面，少拜识”的对白。杨衙内猛见眼前人似曾相识，准是一下子愣住。谭记儿瞧这惊呆神色，迅即以“背供”身段，唱出了对这个平日眠花宿柳、今日来到潭州衙舍的恶霸所表示的轻蔑，然后转过身来，给以“几年闻姓名，今日逢颜面”的正面嘲讽。短短的四句曲词，平淡浅显，朴素无华，极通俗，也极自然。除开头“只他那”三个衬字外，均对仗工整。

接下来是〔得胜令〕曲。杨衙内惊愕地熟视着他请求一见的白夫人。她开了口，仍然是嘲讽道“请你个杨衙内少埋冤”。在这第一句唱词的下面，插入三句白口。一句是杨衙内的“这一位夫人好生面熟也”。接着是杨衙内的爪牙李稍“兀的不是张二嫂”?再接杨衙内的“嗨！夫人，你使的好见识，直被你瞒过小官也”。三句话，三个层次，揭出谜底，极为简明。杨衙内面对着昨晚的渔娘，眼前的白夫人，自然地意识到情况不妙，半晌说不出话来。“吓的他半晌只茫然”，谭记儿迅即以一个“背供”的唱句，生动地描绘了杨衙内这个权豪恶霸此时此刻的惊骇神色。妙的是作者这时候没有让谭记儿疾步前趋，指着杨衙内的鼻子大骂。而是轻轻地宕开一笔，写出了“又无那八棒十枷罪，只不过三交两句言”这令杨衙内捉摸不定的唱词，并且紧接着再把戏剧性向前推进一步，提一下昨晚的事情之后，索性竟口称“俺两口儿”要“做一个中秋八月圆”。这里既点明了中秋，又极尽了揶揄，极轻妙，也极辛辣。杨衙内将怎样做这“两口儿”呢？谭记儿一边唱着一边以手势比划着向杨衙内步步逼近的时候，可想而知，他必然是扑通跪倒，作揖求饶，爆发出一阵惊人的喜剧效果。不是深谙舞台关节的作者，是不能到达这种境界的。

（陈西汀）

包待制三勘蝴蝶梦 第三折

原文

〔脱布衫〕争奈一家一计，肠肚萦牵；一上一下，语话熬煎；一左一右，把孩儿顾恋；一捋一把，雨泪涟涟。

鉴赏

善良淳朴的王老汉，在光天化日之下，被权豪势要葛彪活活殴打至死。老汉的三个儿子去扭葛彪见官，而葛彪仍然恃强逞霸，气焰嚣张，王氏兄弟激于义愤，打杀了这个无恶不作的歹徒。按照当时的法律，必须要有一人为葛彪偿命。是让前母所生的王大或王二去，还是让自己亲生的王三去？这一艰难的选择无情地摆在王婆面前。三兄弟争相赴难，母亲决心牺牲亲生的幼子；富于同情心的包拯暗中设法相救，事先却不便明言，于是三兄弟都被投进了死囚牢。这支曲子，就是王婆向衙役张千要求进牢探视时所唱。

因为“灯油钱也无，冤苦钱也无”，一开始张千不肯放王婆进牢房，推说“罪已问定也，救不的了”，将她拒之门外。“争奈一家一计，肠肚萦牵”，就是王婆此时剖露心迹之言。“一家一计”，即一个家庭，这平平常常的四个字，此时此地对于王婆却有着特殊的分量。本来这一家人虽然“穷滴滴寒贱为黎庶”，却也“嫡亲的五口儿家属”，可以享受天伦之乐。孰料飞来横祸，王老汉被恶霸打死在街头,“血模糊污了一身,软答剌冷了四肢,黄甘甘面色如金纸”。在这意外的打击面前,只有三个儿子,成为王婆精神上的支柱:“到明朝若是出殡时,又没他一陌纸,空排着三个儿,这正是家贫也显孝子。”谁知三个孩儿紧接着锄铛入狱,“一壁厢磣可可停着老子,一壁厢眼睁睁送了孩儿”,王婆呼天抢地,悲痛欲绝。但她一方面认为孩子做得对,“为亲爷雪恨当如是”;一方面认为“止不过是一人处死,须断不了王家宗祀,那里便灭门绝户了俺一家儿”。而当三个儿子都被打入死囚牢时,王婆的希望彻底破灭了:“眼睁睁有去路无回路,好教我百般的没是处。这埚儿便死待何如!”这一看来似乎是无法逃脱的家破人亡的悲剧怎能不令王婆肝肠寸断,痛不欲生!

“一上一下,语话熬煎”,是说自己有满腔苦水在内心煎熬,迫不及待地要向亲人倾吐。王婆要说的话,可能有对包拯“今日为官忒慕古(糊涂)”的抱怨;有“告都堂,诉省部;撅皇城,打怨鼓;见銮舆,便唐突”,拼死上告的打算及“又无人,肯做主”的担心;当然更多的还是对三个儿子的劝慰。

“一左一右,把孩儿顾恋”,这句话集中地体现了王婆那种纯洁的母爱。王婆平日对三个孩儿不分彼此,不论亲疏,所谓“手心手背都是肉”,以致两个大孩子从来以为她就是自己亲生的母亲。在公堂上,王婆不同意老大、老二偿命,说老大孝顺,要留下奉养自己,老二会营运生理,要留下维持家计,而同意让老三去抵命。包公心生疑窦,马上追问:这两个大的,是不是你的亲生?这个小的,是不是你的养子?王婆先是不肯回答:“三个都是我的孩儿,着我说些什么?”在屈于大刑、不得不讲时,她还再三叮嘱:“大哥、二哥、三哥,我说则说,你则休生分了。”实际上,王婆何尝不疼爱年幼的王三?“想着我咽苦吞甘，十月怀耽，乳哺三年”，“孩儿忒少年，何日得重相见”！但出于一种推己及人的爱，她更心疼前妻留下的这两个可怜的孩子。更何况现在三个孩儿都下在死牢，生死未卜，更令她心如刀绞。随着这“一左一右”四个字，我们仿佛看见母亲踉跄地扑进阴暗的牢房，呼唤大儿、二儿，又呼唤三儿，那同样撕心裂肺的声音；给大儿、二儿喂饭，又给三儿喂饭，那同样微微颤抖的双手；叮嘱大儿、二儿，又叮嘱三儿，那同样催人泪下的话语；顾恋大儿、二儿，又顾恋三儿，那同样依依难舍的慈爱目光。“谁言寸草心，报得三春晖”，更何况是身处覆盆之下的死囚所感受到的唯一的爱的光辉！至此，一位经受外界和内心双重苦难煎熬而愈加显现其博大、深沉、无私的爱的母亲形象鲜明地展示在读者和观众的面前。这段曲词语言非常朴素，用的全是经过提炼的民间口语。作者连用四个“一……一……”句式，而其作用却是不同的。“一家一计”是强调这个苦难家庭各个成员之间的血肉联系，也显示出母亲肩上责任之重；“一上一下”是形容胸中愁怨交并，抑郁不平，亟欲向亲人一吐为快的心理状态；“一左一右”是刻画母亲对几个孩儿同样疼爱、顾恋，但又生怕顾此失彼，觉得力不从心的感情活动；“一捋一把”则是描摹母亲悲痛难抑、泪如雨下的外在形象。相同句式的重复运用，增强了感情表达的层次感、节奏感，读来使人感到如泣如诉，荡气回肠。

（赵山林）

杜蕊娘智赏金线池 第二折

原文

〔牧羊关〕不见他思量旧，倒有些两意儿投。我见了他扑邓邓火上浇油，恰便似钩搭住鱼腮，箭穿了雁口。你怪我依旧拈音乐，则许你交错劝觥筹？你不肯冷落了杯中物，我怎肯生疏了弦上手？

〔骂玉郎〕这的是母亲故折鸳鸯偶，须不是咱设下恶机谋，怎将咱平空抛落他人后？今日个何劳你贵脚儿又到咱家走？

〔感皇恩〕咱本是泼贱娼优，怎嫁得你俊俏儒流？把枕畔盟，花下约，成虚谬。你道是别匆匆无多半月，我觉得冷清清胜似三秋。越显的你嘴儿甜，膝儿软，情儿厚。

〔采茶歌〕往常个侍衾裯都做了付东流，这的是娼门水局下场头！再休提卓氏女亲当沽酒肆，只被你双通叔早掘倒了玩江楼。

〔三煞〕既你无情呵，休想我指甲儿荡着你皮肉。似往常有气性，打的你见骨头。我只怕年深了也难收救，倒不如早早丢开，也免的自僝自僽。顽涎儿却依旧，我没福和你那莺燕蜂蝶为四友，甘分做跌了弹的斑鸠。

〔二煞〕有耨处散诞松宽着耨，有偷处宽行大步偷，何须把一家苦苦死淹留？也不管设誓拈香，到处里停眠整宿，说着他瞒心的谎、昧心的咒。你那手，怎掩旁人是非口？说的困须休。

〔尾煞〕高如我三板儿的人物也出不得手，强如我十倍儿的声名道着处有。寻些虚脾，使些机彀，用些工夫，再去趁逐。你与我高揎起春衫酒淹袖，舒你那攀蟾折桂的指头，请先生别挽一枝章台路傍柳。

鉴赏

关汉卿创造了众多的妓女形象，《杜蕊娘智赏金线池》中的杜蕊娘是其中极富特色的一个。

书生韩辅臣与上厅行首杜蕊娘相爱，杜蕊娘一心要嫁给韩辅臣，老鸨因为韩辅臣囊中钱钞已尽，冷言冷语，要撵他出门。韩辅臣一气之下，不告而别，其后半个多月杳无音信。老鸨又放出风来，说韩辅臣在外另觅新欢，意欲断绝杜蕊娘对韩辅臣的思念。杜蕊娘心中放不下韩辅臣，却又将信将疑，为此十分苦闷。

这一天，杜蕊娘正在弹琴解闷，韩辅臣得知老鸨不在院中，悄悄地赶来，只见门庭冷落，不禁感叹："我去的半月期程，怎么门前的地也没人扫，一刬的长起青苔来，这般样冷落了也？"杜蕊娘明明听见，心里却想："那厮来了也！我则推不看见。"韩辅臣一进来马上行礼，连喊"大姐"，杜蕊娘继续弹琴，不瞅不睬。

〔牧羊关〕一曲先是写杜蕊娘的心理活动：不见韩辅臣，我还真有点想他；见了韩辅臣，我这火就不打一处来，一句话也不想跟他说。韩辅臣见此情景，不禁搭讪了一句：你倒还真有兴致，还像过去一样弹琴呐。见韩辅臣如此说，杜蕊娘立刻把他顶了回去：弹琴怎么了？难道只准你饮酒作乐，不准我弹琴解闷吗？这一反问，问得韩辅臣哑口无言，但又不失风雅意趣，特别是"你不肯冷落了杯中物，我怎肯生疏了弦上手"，完全切合二人的身份和生活情境，写得极有韵致。

韩辅臣知道杜蕊娘心中有怨气，连忙解释：是你妈妈赶我走的，当然没有向你辞行，是我的过错。杜蕊娘接唱〔骂玉郎〕，抓住了事情的根本：这是母亲故意拆散我们的好姻缘，你难道看不出来吗？我又没有参与其事，你怎么狠心平白无故地把我抛弃了？既然如此，今天屈尊来此又是为何？

韩辅臣见状，只好重提当初的盟誓，杜蕊娘立刻以〔感皇恩〕一曲反唇相讥：月夜花下、枕畔灯前的山盟海誓，已经被你抛到九霄云外；分离半个多月，你觉得若无其事，我倒觉得如隔三秋；你太让我伤心了，现在下跪请罪，有什么用处？

韩辅臣见不能打动杜蕊娘，又重提"生则同衾，死则同穴"的盟誓，并用司马相如、卓文君以及双渐、苏卿两对恋人历尽曲折终成美满姻缘作比，杜蕊娘接唱〔采茶歌〕一曲加以否定：说什么“生则同衾，死则同穴”，到时候都会付诸东流的。我做不了卓文君、苏卿，首先因为你不像司马相如、双渐那样爱得专一，爱得深沉。这两句否定得干脆爽快。

韩辅臣见事情不妙，只好凑过来，央求杜蕊娘打自己几下解解气，杜蕊娘〔三煞〕一曲的回答很巧妙：打是亲骂是爱，放在过去，我是要结结实实打你一顿的，今天啊，休想！你和那些“莺燕蜂蝶”厮混去吧，我杜蕊娘没有这个福分，不再奉陪了。这一回答话里话外，对韩辅臣有几分恨意，实际上不乏几分爱意，对猜测中韩辅臣移情别恋又显然有几分醋意。

〔尾煞〕一曲，杜蕊娘说：济南府的花街柳巷，比我漂亮、比我有名的美人有的是，你韩辅臣这山望着那山高，那就再多用些虚情假意，多使些花言巧语，去追求她们吧。这些话其实是气话，是反语，也是醋语。因为在此之前杜蕊娘曾经说过：“闻得母亲说，他是烂黄齑，如今又缠上一个粉头，道强似我的多哩。这话我也不信，我想，这济南府教坊中人，那一个不是我手下教导过的小妮子？料必没有强似我的。”可见杜蕊娘在这方面是有充分自信的。

韩辅臣见事情无法挽回，只好寄希望于好友济南府尹石好问的帮助，这就引出了以下两折的情节发展。当然，最后的结局是终成眷属，皆大欢喜。

通观第二折所写杜蕊娘的心理活动，十分丰富复杂，可以说是哀怨交集。哀，是哀叹自己沦落风尘，身不由己，从良的愿望一再落空，“十度愿从良，长则九度不依允。也是我八个字无人主婚，空盼上他七步才华远近闻”（第一折〔赚煞〕）。怨，一是怨老鸨，名义上是母女情分，实际上根本不顾女儿的幸福，只顾叫女儿出卖皮肉，赚取钱财："非是我偏生忿，还是你不关亲，只着俺淡抹浓妆倚市门，积趱下金银囤"（第一折〔醉中天〕）。二是怨韩辅臣，不仅不辞而别，而且听说在外面还另有新欢："这厮阑散了虽离我眼底，忔憎着又在心头。出门来信步闲行走，遥瞻远岫，近俯清流；行行厮趁，步步相逐，知他在那搭儿里续上绸缪？知他是怎生来结做冤仇？"（第二折〔梁州第七〕）哀怨交集，现在逢着韩辅臣撞上门来，自然免不了唧唧哝哝，絮絮叨叨，而关汉卿又如一位高明的心理分析师，将这种丰富复杂的情感活动解剖得深入腠理，表现得淋漓尽致，诚如孟称舜所评："写唧哝哀怨之语，字字如大珠小珠落玉盘时也，岂非大作手！"（《柳枝集·智赏金线池》）杜蕊娘的形象由此显得血肉丰满，那是水到渠成了。

（赵山林）

钱大尹智宠谢天香 第一折

原文

〔仙吕·点绛唇〕讲论诗词，笑谈街市，学难似，风里扬丝，一世常如此。

〔混江龙〕我逐日家把您相试，乞求的教您做人时，但能够终朝为父，也想着一日为师。但有个敢接我这上厅行首案，情愿分付与你这班演戏台儿。则为四般儿误了前程事，都只为聪明智慧，因此上辛苦无辞。

〔油葫芦〕你道是金笼内鹦哥能念诗，这便是咱家的好比似。原来越聪明越不得出笼时，能吹弹好比人每日常看伺，惯歌讴好比人每日常差使。我怨那礼案里几个令史，他每都是我掌命司，先将那等不会弹不会唱的除了名字，早知道则做个哑猱儿。

〔天下乐〕俺可也图什么香名贯人耳！想当也波时，不三思越聪明，不能够无外事。卖弄的有伎俩，卖弄的有艳姿，则落的临老来呼“弟子”！

〔金盏儿〕猛觑了那容姿，不觉的下阶址，下场头少不的跟官长厅前死；往常觑品官宣使似小孩儿。他则道官身休失误，启口更无词。立地刚一饭间，心战够两炊时。

〔醉中天〕初相见呼你为学士，谨厚不因，而今遍回身嘱付尔，冷眼儿频偷视。你觑他交椅上抬颏样儿，待的你不同前次，他则是微分间将表字呼之。

〔金盏儿〕你拿起笔作文词，衡才调无瑕疵，这一场无分晓、不裁思。他道"敬重看待"，自有几桩儿：看则看你那钓鳌八韵赋，待则待你那折桂五言诗，敬则敬你那十年辛苦志，重则重你那一举状元时。

〔醉扶归〕你陡恁的无才思，有甚省不的两桩儿？我道这相公不是漫词，你怎么不解其中意？他道是种桃花砍折竹枝，则说你重色轻君子。

〔赚煞〕我这府里祗候几曾闲，差拨无铨次，从今后无倒断嗟呀怨咨。我去这触热也似官人行将礼数使，若是轻咳嗽便有官司。我直到揭席来到家时，我又索趱下些工夫忆念你。是我那清歌皓齿，是我那言谈情思，是我那湿浸浸舞困袖梢儿。

鉴赏

《钱大尹智宠谢天香》讲述北宋词人柳永与妓女谢天香的爱情故事。柳、谢二人相爱，后柳永赴京赶考，府尹钱可为帮助谢天香脱离妓院，假装娶她为妾，并最终促成了柳、谢二人的婚姻。

剧首的楔子通过对白简单地介绍了剧中的角色身份和人物关系：风流才子柳永和上厅行首谢天香在风月场中结识，情投意合成为恋人。然而，为了上京应试，柳永不得已别过花丛，恰在此时听说了故友钱可新任开封府尹的消息，谢天香依命前往参官，柳永于是同行，一来多年未见，顺道拜谒故友，欢叙旧谊，二来也当面托他照顾红颜知己谢天香。

全剧分为四折，结构上恰为起、承、转、合四部分。首折写谢天香、柳永先后庭谒钱可。

谢天香作为上厅行首先上堂施礼，钱可官威赫赫，冷脸相对，“只道官身休失误，启口更无词”。见惯了场面的谢行首心里也不免一阵忐忑，不晓得这钱大尹葫芦里卖的什么药。其后，柳永的谒见更是一波三折，他去而复返、三进三出，仗着和钱可有故，不顾谢天香劝阻，反复嘱托、再三叮咛，口口声声“好觑谢氏”，这一片痴情却为坚守礼义大伦的钱可所不容，把他的“怒气”给引了出来，从一开始的谨厚恭敬，到后来的微露怒容，最后竟至破口大骂，拂袖而去。

从别情依依到愤而去府，“庭谒”一折在平实的楔子之后，一石激起千层浪，在短暂的文本时间内设置好情节转捩点，成功挑起戏剧矛盾。同时，随着故事情节的展开，谢天香、钱可、柳永这三个主要人物形象也逐渐丰满了起来。

钱可是一个正直不阿、尽忠职守的官员形象，一出场"寒蛩秋夜忙催织，戴胜春朝苦劝耕。若道民情官不理，须知虫鸟为何鸣？"四句开场白写四时节令和虫鸟动态，表现了角色对农事劳作的关注和对国计民生的用心，奠定了高大正面的形象基础。柳永一番拜谒，三进三出，钱可由喜转"怒"，援引经典，将其斥出，也从另一个侧面反映他爱才惜才、耿直中正又稍显迂腐的性格特征。在扮相上，钱可一角修髯满部，再加上不苟言笑、正气凛然，自有一种不可亲近的距离感。但一句"军民识与不识，皆呼为波厮钱大尹"牢牢抓住钱可的外貌特征，由角色自报诨号，活泼而有意趣。波厮，又写作波斯，因该国人多蓄络腮胡，用在这里指大胡子的意思。此白一出，大大软化了钱可冷酷生硬的性格线条，不仅为角色注入一丝生气，也为"智宠"的情节增添了合理性。

关汉卿笔下的谢天香是一个比较复杂的女性形象，一方面她音容美好、才华横溢，"讲论诗词，笑谈街市"，结交文人雅士，俯仰名士风流；另一方面她又冰雪聪明、敏感细腻，善于察言观色，全然洞悉世情。几番堂上相见，钱可情绪态度上的变化都逃不出谢天香的眼睛——从参见新官时的"冷脸""无词"，到见到柳永时的"交椅上抬颏样儿""呼为学士""微分间将表字呼之"，将钱可的一举一动、一言一行、一颦一笑都看在眼里，听在耳中。这两处写谢天香眼中的钱可，句句明说钱可，句句暗写谢天香，从背面着墨，刻画谢天香性格中女性特有的细腻、敏感、观察入微，寥寥数笔，其聪颖智慧的才女形象呼之欲出。

一方面谢天香志气高洁、自命清高，她身在青楼却大胆追求爱情，身为行首却不求“香名贯人耳”，一心要做个自由人，与心上人柳永双宿双飞。著名学者胡云翼评价关汉卿“最长于写妓女的心情”，这是不错的。关汉卿笔下的谢天香对自身处境有着清醒认识，她将自己比作“金笼内能念诗的鹦哥”，热切向往着自由的人生和爱情。这个角色，一定程度上反映了中国古代妇女自我意识的苏醒，她为身份所囿，向往自由，并且已经意识到自己的不自由是由妓籍引起的——“但有个敢接我这上厅行首案，情愿分付与你这班演戏台儿”，也是由技艺引起的——“原来越聪明越不得出笼时，能吹弹好比人每日常看伺，惯歌讴好比人每日常差使”，从而产生了心为形役、身为技役的感慨。另一方面她又不免为现实所累，身在风月场的谢天香，为人处事谨小慎微，时时处处察言观色，她无力凭借自己的才华和努力去改变命运，只能将自己对生活、爱情的追求寄托于官宦、才子身上，由此折射出古代妇女社会地位卑下，被束缚于重重封建关系之中，人生理想又得不到满足的悲剧处境。

相对于钱可、谢天香这两个完全虚构的人物，剧本对柳永这一具有历史原型的人物着墨不多。也许是柳永才华横溢、流连花间的历史原型，早已深入人心，对此作者并没有进行更多描绘，重点写“三谒”，突出表现他愣头愣脑、不通世故的迂腐书生气。

一谒钱可，柳永嘱托钱可“好觑谢氏”，对方答曰“敬重看待”，他不解其意，反而是谢天香一眼看透了钱可的一片爱才惜才之心，将“敬重看待”四个字解读为“看则看你那钓鳌八韵赋，待则待你那折桂五言诗，敬则敬你那十年辛苦志，重则重你那一举状元时”，将钱可对柳永来日金榜题名、功成名就的殷殷期待逐一道来。将心比心，谢天香的一番解读，何尝不是她自己的内心独白，何尝不是她自己对柳永的衷心期许。可怜柳永固执，不信谢天香，非要自己再去问个明白，于是二谒钱可。二谒钱可，柳永还是那句“好觑谢氏”，钱可面露怒容，以“种的桃花放，砍的竹竿折”作答。柳永又退出，将堂上所闻转述谢天香。谢天香解释说，这是钱大尹批评他重色轻友，劝他不要迷恋烟花酒色，求取功名要紧。柳永不相信故知竟会揶揄自己，坚持要三谒钱可。三谒钱可，柳永还未张口，就被钱可一顿大骂，责其见色忘义、不知礼仪、胸无大志，辱没了自己的才华，继而拂袖而去。柳永默默而出，心怀不忿，与谢天香临别作《定风波》一首，故意触犯钱可的名讳，并在词中暗暗揶揄钱可。

三番拜谒，将柳永自以为是、酸骚迂腐的文艺青年形象表现得淋漓尽致。与此同时，也扭转了看似平淡无奇的人物关系，迅速激化了戏剧冲突，营造了紧张浓烈的戏剧氛围，并为下面情节的发展提供了铺垫。

（张超然）

钱大尹智宠谢天香 第二折

原文

〔南吕·一枝花〕往常时唤官身可早眉黛舒，今日个叫祗候喉咙响。原来是你这狠首领，我则道是那个面前嗓？恰才陪着笑脸儿应昂，怎觑我这查梨相，只因他忒过当。据妾身貌陋残妆，谁教他大尹行将咱过奖？

〔梁州第七〕又不是谢天香其中关节，这的是柳耆卿酒后疏狂。这爷爷记恨无轻放，怎当那横枝罗惹不许提防！想着俺用时不当，不作周方，兀的唤甚么牵肠？想俺那去了的才郎，休、休、休，执迷心不许商量；他、他、他，本意待做些主张，嗨、嗨、嗨，谁承望惹下风霜？这爹爹行思坐想，则待一步儿直到头厅相；背地里锁着眉骂张敞，岂知他殢雨殢云俏智量，则理会得燮理阴阳。

〔隔尾〕我见他严容端坐挨着罗幌，可甚么和气春风满画堂？我最愁是劈先里递一声唱，这里但有个女娘、坐场，可敢烘散我的家私做得赏。

〔贺新郎〕呀,想来东坡一曲《满庭芳》,则道一个“香霭雕盘”,可又早祸从天降!当时嘲拨无拦当,乞相公宽洪海量,怎不的仔细参详。小人便关节煞,怎生勾除籍不做娼,弃贱得为良?他则是一时间带酒闲支谎,量妾身本开封府阶下承应辈,怎做的柳耆卿心上谢天香?

〔牧羊关〕相公名誉传天下,妾身乐籍在教坊,量妾身则是个妓女排场,相公是当代名儒。妾身则好去待宾客,供些优唱。妾身是临路金丝柳,相公是架海紫金梁;想你便意错见、心错爱,怎做的门厮敌、户厮当?

〔二煞〕则恁这秀才每活计似鱼翻浪,大人家前程似狗探汤。则俺这侍妾每近帏房,止不过供手巾到他行,能勾见些模样?着护衣须是相亲傍,只不过梳头处俺胸前靠着脊梁,几时得儿女成双?

〔煞尾〕罢、罢、罢,我正是闪了他闷棍着他棒,我正是出了孛篮入了筐。直着咱在罗网,休摘离,休指望,便似一百尺的石门教我怎生撞?便使尽些伎俩，干愁断我肚肠，觅不的个脱壳金蝉这一个谎！

鉴赏

在第一折里，柳永别过谢天香，上京赶考去了。第二折讲柳永走后，仆人张千回到衙门，把柳永临别所作《定风波》一词交给钱可。钱可一看，“芳心事事可可”一句颇有揶揄自己的意思，顿时心生一计。经过前番柳永的死缠烂打，钱可心中已料定谢天香是红颜祸水，与她过从甚密必然影响柳永未来的仕途——《元史》中记载“诸职官娶娼为妻者，笞五十七，解职离之”。于是柳永一离开，他就点名要谢天香来见，既是要考考她的才智，也想借机断了柳、谢二人的“孽缘”。

堂上，钱可把谢天香叫来，命之唱曲，点的正是柳永的《定风波》。原来，钱可正是要以柳永的词来治谢天香的罪，如果她唱出“芳心事事可可”一句，便是犯了钱可的讳，可以责杖四十，立即收监。这样一来，谢天香就成了犯过刑的罪人，不能再和柳永婚配。这一招，可谓一石二鸟，既报了揶揄之仇，也断了两人姻缘。

哪知谢天香才华出众、思虑敏捷，唱到“芳心事事可可”时，灵机一动，莺声一转，改成“芳心事事已已”。一计不成又生一计，钱可又以“‘可’字是歌戈韵，‘已’字是齐微韵”为由，指控谢天香“失了韵脚，差了平仄，乱了宫商”，要求她依着“齐微韵”唱，否则依旧要“厅责四十”，这分明是要考她的诗才了。如此刁钻也没有难倒谢天香，她沿着“齐微韵”一路往下唱，把“香衾卧”改为“绣衾睡”，“倦梳裹”改成“倦梳洗”，“音书无个”改为“音书无寄”，

“雕鞍锁”改成“雕鞍系”，“教吟和”改成“教吟味”，“莫抛躲”改成“莫抛弃”，“共伊坐”改成“共伊对”，“虚过”改成“虚废”，婉转流利，不失韵脚，不差平仄，不乱宫商，镇定自若地唱完了整首《定风波》。连钱可都不禁要感叹：怪不得柳永爱谢天香，连自己也要为这女子的才情所折服。

第二折围绕着“谢天香智斗钱大尹”的情节展开，钱可处处为难、步步紧逼，谢天香则小心谨慎、以退为进，在此过程中，钱可的情感态度悄然改变。考她之前，钱可怀着棒打鸳鸯之心，考她之后，却为她的才情所折服，决意要成全这段人间佳话。钱可心意已转，表面仍不露声色，并表示要为她除去贱籍，纳她为侍妾。

故事发展到这里，分裂出一明一暗两条线索，一条明线是钱可的所作所为对谢天香命运产生的影响，表面上，钱可依旧与谢天香为难，他一再施压，要纳她为妾；一条暗线是钱可对谢天香情感态度的转变，实际上，钱可算计谢天香也是为柳永，纳谢天香为侍妾也是为柳永，最后还促成两人团聚，前前后后几番苦心，他待柳永可谓一片赤诚。

第二折故事情节跌宕起伏，言语交锋机智热烈，在诗词歌咏的同时斗智斗勇，极富戏剧性。而这一切，几乎都是通过唱词加以表现的，从环境氛围的烘托到人物形象的塑造、内心世界的刻画，都借助唱词得到了不同程度的表现。例如，谢天香上堂，“我见他严容端坐挨着罗幌，可甚么和气春风满画堂”一笔写出堂上剑拔弩张的对立氛围，也预示了“智斗”情节的展开。面对钱可几次三番的刁难，谢天香才思敏捷，巧舌如簧，自贬为“开封府阶下承应辈，怎做的柳耆卿心上谢天香”，为了自保，也为了柳永的仕途，她忙不迭撇清自己和柳永的关系。当听说钱可要纳自己为妾,她又以名望不符、身份悬殊、门不当户不对为由相推辞。面对自己日夜期盼的脱离妓籍的机会,她毅然拒绝了钱可,甘冒违抗官命之不韪,坚守自己的爱情。奈何钱可已打定主意,着谢天香立即搬入宅内。得此噩耗,谢天香如坠万丈深渊,不免悲从中来,发出了“前程似狗探汤”“几时得儿女成双”的哀叹。纵有诗才满腹,风尘女子终究不能左右自己的命运,一道官命就瞬间将她从一个火坑带进了另一个“罗网”。“休摘离,休指望,便似一百尺的石门教我怎生撞?便使尽些伎俩,干愁断我肚肠,觅不的个脱壳金蝉这一个谎!”主人公对自由爱情、自由生活的向往,以及对自身命运的无奈和绝望,化作呐喊,在舞台上回响不绝。

戏剧语言的特点是既精于用雅,又善于用俗。“精于用雅”主要体现在“谢天香智斗钱大尹”这一情节的设置,将整首《定风波》由“歌戈韵”改编为“齐微韵”,将词曲艺术造诣巧妙地融入了戏曲故事中,既推动了情节发展,又丰满了人物形象。“善于用俗”主要体现在口语化、俚俗化的人物语言,例如“正是闪了他闷棍着他棒,我正是出了孛篮入了筐”一句,一如邻家媳妇吵架时的痴怨之声,充满人性的况味,又饶有市井风趣,生动真切的同时还有几分诙谐。正如王国维在《宋元戏曲考》中所说:“古代文学之形容事物也,率用古语,其用俗语者绝无。又所用之字数亦不甚多。独元曲以许用衬字故,故辄以许多俗语或自然之声音形容之。此自古文学上所未有也。”杂剧语言对叹词、口语和俗语的运用,为本已生动的剧情注入了更多的活力,增添了纯朴、活泼的自然之色。

王国维曾评价“元曲为中国最自然之文学”,而关汉卿为“元人第一”，尽得元曲之佳处——“彼但摹写其胸中之感想与时代之情状，而真挚之理与秀杰之气，时流露于其间”，其光华彪炳凸显于此。

（张超然）

钱大尹智宠谢天香 第三折

原文

〔正宫·端正好〕往常我在风尘为歌妓，只不过见了那几个筵席，到家来须做个自由鬼；今日个打我在无底磨牢笼内！

〔滚绣球〕到早起过洗面水，到晚来又索铺床叠被，我服侍的都入罗帏，我恰才舒铺盖似孤鬼，少不的蹦跳寝睡，整三年有名无实。本是个见交风月者卿伴，教我做遥受恩情大尹妻，端的谁知？

〔倘秀才〕俺若是曾宿睡呵则除是天知地知，相公那铺盖儿知他是横的竖的！比我那初使唤，如今越更稀。想是我出身处本低微，则怕展污了相公贵体。

〔滚绣球〕姐姐每肯教诲，怕不是好意？争奈我官人行，怎敢失了尊卑？你道是无过失，学恁的，姐姐每会也那不会？我则是斟量着紧慢迟疾，强何郎旖旎煞难搽粉，狠张敞央及煞怎画眉？要识个高低。

〔倘秀才〕便休题花七柳七，若听得这里是那里，相公的耳朵里风闻那旧是非。休只管这几句，烂黄齑，我也记得。

〔穷河西〕姐姐每谁敢道袖褪《乐章集》，都则是断送的我一身亏。怕待学大曲子我从头儿唱与你，本记的人前会，挂口儿从今后再休提。

〔滚绣球〕想前日使象棋，说下的、则是个手帕儿赌戏，你将我那玉束纳藤箱子，便不放空回。近新来下雨的那一日，你输与我绣鞋儿一对，挂口儿再不曾提。那里为些些赌赛绝了交契，小小输赢丑了面皮，道我不精细。

〔倘秀才〕幺四五骰着个撮十，二三二趁着个夹七；一面打个色儿，也当得幺二三是鼠尾。赌钱的、不伶俐，姐姐你可便再掷。

〔呆骨朵〕我将这色数儿轻放在骰盆内，二三五又掷个乌十，不下钱打赛我可便赢了你两回。这上面分明见，色数儿且休提。姐姐，我可便做桩儿三个五，你今日这般输说甚的？

〔倘秀才〕你休要不君子便将闹起，我永世儿不和你厮极，塌着那臭尸骸，一壁稳坐的。兀的不闲着您！臭驴蹄！兀的是谁？

〔醉太平〕唬的我连忙的跪膝，不由我泪雨似扒推；可又早七留七力来到我跟底，不言语立地，我见他出留出律两个都回避。相公将必留不剌柱杖相调戏，我不该必丢不搭口内失尊卑，这的是天香犯罪。

〔二煞〕往常时不曾挂眼都无意，今日回心有甚迟？相公的言语更怕不中，委付妾身教我转转猜疑。相公又不是戏笑，又不是沉醉，又不是昏迷；待道是颠狂睡呓，兀的不青天这白日？

〔一煞〕你一言既出如何悔，驷马奔驰不可追。妾身出入兰堂，身居画阁，行有香车，宿有罗帏。整过了三年，可便调理，无个消息；不想今朝相公错爱我这匪妓，也则是可怜见哭啼啼。

〔尾声〕则今番文诌诌的施才艺，从来个扑簌簌没气力。相公这一句言语可立碑，我也不敢十分相信的。许来大官员,恁来大职位,发出言词忒口疾。你不委心为自家没见识,又不是花街中、柳陌里,那一个彻梢虚、雾塌桥,浑身我可也认的你!

鉴赏

《钱大尹智宠谢天香》第一折写钱可骂走柳永,第二折写钱可考验谢天香并将其纳为侍妾,第三折写谢天香的侍妾生活,第四折写柳谢重聚,误会开释,有情人终成眷属。其中第三折戏在结构上具有承上启下、过渡剧情的作用,为第四折钱可安排柳谢相见,继而解开重重误会做好前情铺垫。谢天香被纳入钱家内宅后的侍妾生活,并非剧情重点。但在人物形象的塑造和戏剧主题的表达上,第三折却起到至关重要的作用,成为沟通前情后文,体现剧本戏剧性的关键。

第三折一开始即交代谢天香被钱可娶为侍妾三年,由"见交风月耆卿伴"变作了"遥受恩情大尹妻",并借姬妾间的闺阁密语,泄露了钱可和谢天香之间行于礼、止于礼的关系,也为第四折大团圆结局伏笔。剧本站在礼教伦常的立场,强调谢天香将"那歌妓之心消磨尽了"。然而从另一个角度看,这正是谢天香悲剧命运的侧面写照——她整个人生经历都是不自由的。从前身在娼家,如"金笼内鹦哥能念诗",为"聪明智慧""吹弹讴歌"所累,卖弄的是才艺和姿色。尽管她热烈向往着自由的生活,却无法通过个人努力实现,踏上自我实现之路。

即便是被赎纳入钱府后,谢天香仍然极不自由:首先,她没有爱情自由。与钱可的婚姻不是她本意，在这桩“有名无实”的婚姻里，她充当的不过是“过洗面水”“铺床叠被”“服侍入罗帏”的侍女角色，毫无爱情可言。昔日“殢雨尤云俏智量”的柳永才是她的真爱，然而人在钱府中身不由己，但凡有人提起柳永，她都忙不及避嫌“便休题花七柳七，若听得这里是那里，相公的耳朵里风闻那旧是非”。她跟钱可的感情停留在敬畏的层面上，且“畏”比“敬”多。钱可开个玩笑，她一时举止失当，就吓得魂飞魄散——“唬的我连忙的跪膝，不由我泪雨似扒推”，自斥“天香犯罪”。这样的婚姻，显然不是建立在爱情基础上的。

其次，她生活得不自由。从上厅行首到钱府侍妾，谢天香的命运犹如骰盘中任人抛掷的色子，从未逃脱他人的掌握，难怪她要发出“一把低微骨，置君掌握中。料应嫌点涴，抛掷任东风”的感慨。不仅如此，“出身处本低微”——曾为贱籍的身份一直困扰着她，言语中竟要自贬为“匪妓”，即便无甚过失，一举一动也丝毫不敢造次，“斟量着紧慢迟疾”，唯恐“失了尊卑”。面对钱可要立她为小夫人的允诺，也差点以为是“癫狂睡呓”，迟迟不敢相信。在领命谢恩的同时，一边自数生活优越却无所出的罪责，谁曾想一代才女却活得卑微如是。

再次，思想不自由。钱可对谢天香的豢养是以“剪了你那临路柳，削断他那出墙花”为目的。庭院深深锁春心，侍妾生活穷极无聊，消磨情志，谢天香终日做些赌戏为乐，终于辜负一身好才华，变成了宜室宜家、亦步亦趋的平庸女子，待到柳永金榜题名时，只怕除了给人做小夫人，也再没有第二条出路。剧中，其他侍妾提及《乐章集》中的词曲，当即被谢天香阻拦，“怕待学大曲子我从头儿唱与你，本记的人前会，挂口儿从今后再休提”，令她抛却才艺，避之不及。第三折中还有一个场景描写姬妾之间争论赌戏输赢。描绘了谢天香与其他姬妾因掷骰子而发生的小口角、小埋怨："想前日使象棋，说下的、则是个手帕儿赌戏，你将我那玉束纳藤箱子，便不放空回。近新来下雨的那一日，你输与我绣鞋儿一对，挂口儿再不曾提。那里为些些赌赛绝了交契，小小输赢丑了面皮，道我不精细"——某年某月某日，我赢了你一双绣鞋你倒绝口不提，装作没事人混了过去；前些天，我输给你一个玉束纳藤箱子，你却绝不含糊，一定不肯饶我……这段语言描写生动地再现了闺阁中，姬妾们闲来耍嘴皮子、打口仗的生活场景，是极富生活气息和闺阁情趣的笔墨，但也从侧面反映出侍妾生活的寂寞空虚、百无聊赖，读来令人生憾——那个有追求有理想的谢天香注定要夭亡在深宅大院中了！

女人在封建社会中无法自由生活，也无法实现自我价值，男人们又何尝不是如此？剧中的柳永爱江山更爱美人，本无仕进之志，他碍于故友催逼进京赴试，也不是出于本心。中第归来，昔日红颜已嫁作人妇，若不是钱可有心成全，柳永只怕要落个情场失意的下场。就算青云直上置身庙堂，恐怕也难免走上身不由己、言不由衷、虚与委蛇之路，谢天香曾感叹："都只为聪明智慧，因此上辛苦无辞"，这不只是说女子，分明也是仕宦人生的真实写照。

王国维曾在《宋元戏曲考》中说："以唐诗喻之，则汉卿似白乐天……以宋词喻之，则汉卿似柳耆卿"，诚然，这是就关、柳两人在古代文学史地位上所作的比较。历史上，关汉卿和柳永有另一个相似之处，他们都遭遇了仕途不进、功名不兴的命运，属于游离于庙堂之外的被仕宦主流所放逐的文人群体。柳永放荡不羁、纵情词曲，一句"忍把浮名，换了浅斟低唱"决定了他"奉旨填词"的政治宿命，不受重用潦倒终身。而关汉卿同样也仕途失意，金元二史官志都没有记载其官职宦属，据《祁州乡土志》："汉卿一代文人，科名既厄于生前，墓石又沉于身后，岂非命之穷欤。"相似的经历，让关汉卿在柳永和谢天香这两个人物身上找到了志趣和命运的共鸣——对自由有着热烈向往，却在世俗的大流中湮没无闻。

可惜的是，由于时代思维的局限，关汉卿并没有跳脱世俗观念的框框，给戏剧人物安上飞跃牢笼的翅膀，而是借助为人正直、义薄云天又手握权柄的钱可，在保全柳永仕途、谢天香贞操的同时，成就了柳、谢两人的爱情梦想，可谓被施舍的"嗟来之自由"。剧终有情人终成眷属的结局，也不是建立在自由意志的基础上的，而"三年培养牡丹花，专待你一举首登龙虎榜"的情节设置也显然缺乏现实主义根基。这样的结局，本质上是自由精神与现实礼教的妥协，是剧作家在残酷现实中构筑的浪漫主义迷梦。

尽管如此，《钱大尹智宠谢天香》仍算得上是元杂剧中的精心之作，借助钱可这个人物的情感转变，实现了情节上的大反转，其爱情主线看似一步步走向分崩离析，却在最断肠处以大团圆告捷。剧情主线清晰，情节设置巧妙，构思缜密；感情一波三折，伏线千里；结局出人意料，鼓舞人心，体现了积极的精神风貌和古人淳朴的乐观主义思想。

（张超然）

钱大尹智宠谢天香 第四折

原文

〔石榴花〕我则道坐着的是那个俊儒流，我这里猛窥视、细凝眸，原来是三年不肯往杭州；闪的我落后，有国难投。莫不是把咱故意相淹逗，特故的把他来惭羞。你觑那衣服每各自施忠厚，百般里省不的甚缘由。

〔斗鹌鹑〕并无那私事公仇，到与俺张筵置酒。我则是佯不相瞅，怎敢、怎敢道问候。我这里施罢礼、官人行紧低首。谁敢道是离了左右，我则索侍立傍边，我则索趋前褪后。

〔上小楼〕更做道题个话头，你可便心休僝僽。你觑那首领面前，一左一右，不离前后。你若带酒，是必休将咱淹逗。这里可便不比我那上厅祗候。

〔幺〕他那里则是举手，我这里忍着泪眸。不敢道是厮问厮当，厮来厮去，厮掴厮揪；我如今在这里不自由！你觑我皮里抽肉；你休问我可怎生骨岩岩脸儿黄瘦。

鉴赏

这里选的是第四折谢天香唱的几支曲子，也即是谢已被拘入钱府三年，柳永得中状元、钱可强邀柳入府饮宴并传唤谢出来侍酒时的一段戏。这几支曲文的妙处，需要从观众的角度，结合着舞台演出情景来思考，才能够赏鉴、品味得出。

第三折演到钱可对谢天香说“拣个吉日良辰，则在这两日内立你做个小夫人”结束，在天香——以至于观众心目中，当然都以为钱氏此话绝非戏语，是要娶谢氏了。而进入第四折，则是柳永得中状元，且记恨在心，扬言“我闻知钱大尹娶了谢天香为妻。钱可道也，你情知谢氏是我的心上人，我看你怎么相见”！到钱府入宴后，仍是面色沉重，滴酒不入。这场面已是“山雨欲来风满楼”了，钱可偏又传唤谢天香说：“相公前厅待客，请夫人哩！”三年前柳永临行时再三拜请钱可代为照料自己的恋人谢天香，这时却要让她以钱可小夫人的身份来接待柳永；这种特殊的人物关系构成了对观众极有吸引力的戏剧情境，他们要饶有兴致地观看三个人见面后必然会有的一些不寻常的情感撞击。

深悉剧场观众心理的关汉卿，却不急于让好戏立即出台，他还要欲擒故纵、弯弓不发以蓄势，用〔石榴花〕至〔斗鹌鹑〕曲的“怎敢、怎敢道问候”来写谢天香在厅外向内窥视。她一看来客即是心上人柳永，来不及多想三载分别，“闪的我落后”的辛酸；而立即感到形势的严峻，紧张地猜测令人生畏的钱大尹何以要唤她出见：“莫不是把咱故意相迤逗”，让她出乖露丑？还是“特故的把他来惭羞”，侮弄柳永？思来想去，“百般里省不的甚缘由”。相见时又说些什么话好？如何问候？确是为难，只好想到个“佯不相瞅”的应付办法，硬着头皮走过去。这一段表现谢天香忐忑不安、进退两难的戏，可引起观众的“悬念”，兴致勃勃地期待着情节的发展。

钱可似是有意恶作剧，偏不让谢天香“佯不相瞅”，而逼令她“与耆卿(柳永字耆卿)施礼咱”！尽管天香很拘谨地施礼后就连忙靠近钱可低首侍立，钱可仍是责怪地说“天香近前来些”！弄得她更是如坐针毡，惶恐万分，趋前退后，紧侍身旁。

钱可更出了一个难题，叫“天香与耆卿把一杯酒者”。〔上小楼〕曲即是写她闻命后进退维谷的心理活动。她既不敢违命，又难于遵命敬酒。果真敬酒，如何启齿呢？自己是有心和柳永叙谈几句，但看到钱可虎视眈眈地在注视着自己，既怕他怪罪，更怕柳永酒入愁肠，说出些不适宜的话来。正当她如此左右为难之际，作者却又让怀念天香而又不知趣的柳永一字不差地重复了一下钱可的念白：“天香近前来些！”她心中虽然愿意，但钱可的话犹然在耳，绝不敢如此去做，所以只得硬着心肠地叫柳永放庄重些，回答说：“这里可便不比我那上厅祗候。”

刚刚回答了柳永，钱可却又逼上来了，再一次催促“天香把盏，教状元满饮此杯！”而柳永则不满意地拒绝接杯。处此夹谷之中，天香实在感到委屈万分，难忍泪眸，于是迸发出了〔幺篇〕中的内心独白。她真想质问一下钱可和柳永为什么要如此折磨她，甚至忿恨地想到要和他们“厮问厮当、厮来厮去、厮掴厮揪”！但身份、地位的限制，又使得她只能强把满腹忿恨压制在一声“我如今在这里不自由”的哀叹之下。恰好此时柳永又问了一句：“你怎生清减(清瘦)了？”她无言可对，只好说：“你休问我可怎生骨岩岩脸儿黄瘦。”三载积怨，尽在不言中。

以下的戏则是急转直下，钱可在看出二人情意依旧真笃之后，说出了召天香入府三年以待柳永的苦心，于是“做个喜庆的筵席”，使他们夫妇团圆。

“论传奇，乐人易，动人难。”（高明《琵琶记》开场词）为求“动人”，把主人公放在心灵、情感受到重大冲击的场合，反复经受折磨、熬煎，使他的苦痛得到充分表露，以唤起观众的同情、共鸣，正是戏剧创作中的有效方法之一。而这场戏也即是如此。首先是它通过戏剧情境、人物关系的巧妙设置，为谢天香安排了一个必然十分尴尬、难以应付的处境，这就深深吸引住了观众，使人们注目期待。而种种刺激纷至沓来，使得谢天香的内心痛苦逐步加剧，却又只能含悲忍痛、无法发泄，这既折磨了谢天香，也即是折磨了观众的心，在真相没有揭晓之前，观众是会为“忍着泪眸”的谢天香一掬同情之泪的。并且心灵的创伤时常是理智所无法抹去的，所以虽然剧的结束是喜剧性的“大团圆”，但由于谢天香是娼妓身份而带来的这场苦痛，是会有力地刻在观众情感记忆之中的。

（陈　多）

温太真玉镜台 第一折

原文

〔寄生草·幺篇〕不枉了开着金屋、空着画堂！酒醒梦觉无情况，好天良夜成疏旷，临风对月空惆怅。怎能够可情人消受锦幄凤凰衾？把愁怀都打撇在玉枕鸳鸯帐。

〔六幺序〕兀的不消人魂魄、绰人眼光？说神仙那的是天堂。则见脂粉馨香，环珮丁当，藕丝嫩新织仙裳，但风流都在他身上，添分毫便不停当。见他的不动情？你便都休强，则除是铁石儿郎，也索恼断柔肠！

〔赚煞尾〕恰才立一朵海棠娇，捧一盏梨花酿，把我双送入愁乡醉乡。我这里下得阶基无个顿放，画堂中别是风光。恰才刚挂垂杨一抹斜阳，改变了黯黯阴云蔽上苍。眼见得人倚绿窗，又则怕灯昏罗帐，天那，休添上画檐间疏雨，滴愁肠。

鉴赏

这是关汉卿《温太真玉镜台》杂剧第一折中扮演温峤的“正末”演唱的三支曲辞，虽并不连贯，但在展示故事情节、人物性格的发展上，却是带有阶段标志的关键曲辞。

本剧剧情缘自《世说新语·诡谲》中“温峤娶妇”的故事。说的是晋朝骠骑大将军温峤中年丧偶，喜其表妹姿慧，遂假借为之择婿之名，行骗娶为妻之实。妙的是这位表妹十分知趣，欣然从之，并于洞房花烛之时，“以手披纱扇，抚掌大笑，曰：‘我固疑是老奴，果如所卜。’”从而完成了一段婚姻佳话。但是，这个故事在关汉卿手中却将之处理成为青春女不愿意嫁给老头子的婚姻悲剧，闹得温峤讨了一场老大的没趣。剧本在情节上作如此重大的改动，其意义是显而易见的，在此不容尽说。在本剧的第一折，其内容全系原故事所没有的，剧情是具体地交代了温峤的续弦之思、见到表妹（剧中名刘倩英）之时产生的非非之想，以及之后陷入单相思的种种情态。而以上所选的三支曲辞正是这三种情态的生动表现。

在这一折，温峤一出场就用了六七支曲子历述着官场中那得志者与失意者的不同心况。曾有论者嫌其冗长无稽，是游离于主旨之外的赘语。其实，在活现了这位仕途中幸运儿踌躇满志、恣意评说的神气之后，立即提出他的晚年丧偶——美中不足，既顺理成章，也暗含着一点讽刺的味道。这里选的第一支曲子〔幺篇〕即前腔〔寄生草〕曲牌的重复。恰恰是这支〔寄生草〕将温峤的自得之态一展无遗：“我正行功名运，我正在富贵乡。俺家声先世无诽谤，俺书香今世无虚诳，俺功名奕世无谦让。遮莫是帽檐相接御楼前，靴踪不离金阶上。”观其家风、门第、功名、权势，真个不可一世。不过，正是这位所谓“无欲不得，无求不成”（亦见本折曲辞)的春风得意的人物，却面临“开着金屋、空着画堂”的莫大遗憾。是呵，开着金屋，无人主持；空有画堂，又无人共享，这种鳏夫的苦况又岂是这命运的宠儿所堪忍受？下面三句，曲中称作“鼎足对”的，就是用来状写这种百无聊赖之情态的。“酒醒梦觉无情况，好天良夜成疏旷，临风对月空惆怅”，这就意味着：除去醉梦之外，大凡清醒的时候都无精打采；纵有美好时光，等同虚度；纵有亭台楼榭，也形同虚设，因为这一切都由于缺少意中人陪伴而失去了意义和光彩。这三句对仗工整、韵律重踏，给人以回环往复的流动感，表现了一种不可名状而又无法排遣的情绪。最后，这位温学士径直呼出：良辰美景、锦幄绣褥怎样才能得与可情可意的人儿来共享呢？因为这一希冀的无从实现，故而一怀愁绪只好在捶枕敲床、辗转反侧的不眠之夜中去宣泄了。

偏偏此时，艳遇来了。温峤将寡居的姑母接来京城居住。不意姑母还带来一位天姿国色的表妹。这里选的第二支曲子〔六幺序〕，就是温峤探望姑母第一次见到表妹时的印象记，姑且名之为“惊艳”吧。起首一句“消人魂魄、绰人眼光”，便把一个少女的光彩照人的形象反射了出来。此处的“绰”意为搅乱，绰人眼光即炫目、夺人眼光的意思，吸引了人的全部注意力。如此美人，疑似神仙，可是身之所在又非天堂，因此，“说神仙那的是天堂”一句，实际是“神仙下凡”的同义语。以上的第一印象是从整体而言的，随即又具体写其音容笑貌，先闻兰香阵阵，后听环佩声声，继之才全身映现，见其服饰。一切的一切，在她身上都恰到好处，让人感到天下风韵都集中到她一人身上去了。正因为评价如此之高，所以才有下面的自问自答：见了这样的可意人儿还会有人不动情吗？不要口头上逞能，告诉你吧，除非是铁石心肠——不！即便是铁石心肠的人，面对这位少女也不会无动于衷。至此，对美的礼赞可谓无以复加了。

“惊艳”未了，姑母邀他教表妹弹琴写字。对于温峤来说，这自然是正中下怀的美事。他喜出望外，不仅慨然应允，而且迫不及待地第二天就来教授，甚至说：为此耽误了翰林院编修也无妨。于是他兴冲冲地告别姑母，准备明日与表妹着意亲近，大饱艳福了。但是，一当离开这别具风光的画堂，一种无名的失落感又涌上心头。这里选的第三支曲子〔赚煞尾〕正是这种内心的独白。他仔细回味着方才的情景，亭亭玉立的表妹（比作“一朵海棠娇”），恭恭敬敬为自己斟酒（比作“一盏梨花酿”），一下子把自己打入“愁乡醉乡”，陷进如醉如痴的境地，以致自己不知道是怎样出离此仙界（即所谓“下得阶基无个顿放”）。这时，天色已晚，眼见又布满阴云，他想，为着明日与表妹的聚会，今晚肯定是睡不得了，只能背着“灯昏罗帐”，倚伏“绿窗”，盼望天明。此情此景已自十分难熬，天那，切莫再疏雨绵绵，敲打我这无法排遣的愁肠。通过这支曲辞，把温峤的失魂落魄的单相思，确实展现得绘声绘色，活灵活现。

问题在于，这种感情如果产生于男女青年之间，如张君瑞与崔莺莺者，确是生动有趣，但在这出戏里，这种感情却洋溢在两鬓苍苍的老学士身上，而感情之所系又在于青春少女，这种单相思就变得颇有点滑稽了，温峤的种种天真的情态也随之而成老风流的洋相。这涉及全剧的主旨和格调，在此不及细述，不过，若不明乎此，此剧即不可理解了。

（黄　克）

温太真玉镜台 第二折

原文

〔牧羊关〕纵然道肌如雪，腕似冰，虽是一段玉，却是几样磨成：指头是三节儿琼瑶，指甲似十颗水晶。稳坐的有那稳坐堪人敬，但举动有那举动可人憎。他兀自未揎起金衫袖，我又早先听的玉钏鸣。

鉴赏

《温太真玉镜台》杂剧的第二折，写温峤教表妹操琴、写字。这关目本身不存在激烈冲突，无可张致，但因温峤另有所图，即醉心于表妹的音容笑貌，所以竭力趁机与表妹亲近，这样一来，便在简单的情节中，凭空生出许多波澜。〔牧羊关〕一曲就是他在观赏表妹操琴时唱的。“肌如雪，腕似冰”，自然是形容手的洁白和腕的晶莹，但一冠之“纵然道”，就意味着即或是冰雪也难比其肌肤的剔透了。进而又喻指她的手指是美玉雕的，指甲是水晶镶的，十分形象地表明其玲珑精巧。也亏得这位温学士想象得出来，可这一想象又适足以反映其心迹的俗不可耐。这种描画的手法涉及对曲的特殊格调的认识。王季思认为曲的特点在其“尖新”——尖，指尖巧；新，即新奇，这是很有道理的。用在这支曲上也很允当。但若更具体说来，与诗词比较而言，曲子更善于在俗（俚俗）

与俏(俏皮)上做文章,从而显示其独特的艺术效果。形容女子的手,诗词中一般采用“素手”“皓腕”“玉笋”等;而曲却“别有风韵”,在俚俗和俏皮上下工夫。如此处形容手指,“虽是一段玉,却是几样磨成”便是,以至连指节、指甲也都毕现无遗。这种写法,在讲求含蓄的诗词中,会嫌其太露而不屑为,而在曲中写得如此淋漓尽致,如此俗而俏者,却司空见惯,忝不为怪,曲的特殊格调也就从中脱落出来,无俏不成曲,竟几成曲之定格。

接着又写表妹的动静得宜,坐则坐得端庄,令人钦敬;动又动得婀娜,招人怜爱。总之,一颦一笑,一举一动,对温峤来说都充满着诱惑。更有甚者,她“未揎起金衫袖”,他“先听的玉钏鸣”,感应随之,适以表明温峤已全神倾注在表妹的身上。一支曲子,已将温峤为表妹而神魂颠倒之情态和盘托出。

当然,如果我们知道这一切都不过是温峤的单方面的一往情深,实际上不曾得到对方的半点呼应,那么,在舞台演出时,就可以设想那是多么滑稽可笑的场面。作为学生,当然尊敬老师,而老师却想入非非,故作多情地生出许多风流的念头来,岂不是丑角的行径吗?在戏剧美学理论中,丑不过是一种“力炫其美”的“不成功的妄想”。一个天真无邪的妙龄女郎怎么能理解一个没牙没口的老风流对自己的痴情呢?揭示了这一点,正是关汉卿将记载在《世说新语》中温峤娶妇这一故事进行创造性改编的真意。

(黄　克)

尉迟恭单鞭夺槊 第一折

原文

〔仙吕·点绛唇〕天数合该，虎臣囚在迷魂寨。请的他来，似兄弟相看待。

〔混江龙〕因窥营寨，自从那美良川引至介休来。俺想着先王有道，后辈贤才。若不是周西伯能求飞虎将，谁把一个姜太公请下钓鱼台？他可也几曾见忽的旗展、豁的门开、咚的鼓响、珰的锣筛？投至得这个千战千赢尉迟恭，好险也万生万死唐元帅！到今日回忧作喜，降福除灾。

〔油葫芦〕传将令疾教军布摆，休觑的如小哉，则他这七重围子两边排。虽然他那身边不挂狻猊铠，腰间不系狮蛮带，跨下又无骏騌，手中又无器械，你觑那岩前虎瘦雄心在，休想他便肯纳降牌。

〔天下乐〕纵便有铁壁银山也撞开！哎，你个英也波才，休浪猜，你既肯面缚归降，我也须降阶接待。请将军去了服，罢了哀，俺今日与将军庆贺来。

〔那吒令〕看尉迟人生的威风也那气概，腹隐着兵书也那战策，可知道名震着乾坤也那世界。俺这里虽然是有纪纲，知兴败，那里讨尉迟这般样一个身材！

〔鹊踏枝〕说话处掉书袋，施礼数傲吾侪。据着你斩虎英雄，不弱如那子路、澹台。则怕俺弟兄每心着不改，可不道"有朋自远方来"？

〔寄生草〕你道是赤瓜峪与咱家曾会垓，马蹄儿撞破连环寨，鞭梢儿早抹着天灵盖，也则为主人各占边疆界。这的是桀之犬吠了帝尧来，便三将军怎好把你尉迟怪？

〔后庭花〕你是个领貔貅天下材，画麒麟阁上客。想当日汉高祖知人杰，俺准备着韩淮阴拜将台。把筵宴快安排，俺将你真心儿酬待。则要你立唐朝显手策，立唐朝显手策。

〔青哥儿〕呀，据着你英雄、英雄慷慨，堪定那社稷、社稷兴衰。凭着你文武双全将相才，则要你扫荡云霾，肃靖尘埃。将勇兵乖，那其间挂印悬牌，便将你一日转千阶，非优待。

〔赚煞〕则今日赴皇都、离边塞，把从前冤仇事解，直至君王御案上折，一件件禀奏的明白。便道不应该，未有甚汗马差排，且权做行军副元帅。你与我整三军器械，紧看着营寨，则我这手儿里将的印牌来。

鉴赏

尉迟恭是唐朝开国名将，有关他的故事早已耳熟能详。在元杂剧中，除本剧外，尚有《尉迟恭三夺槊》《小尉迟将斗将认父归朝》《功臣宴敬德不伏老》《尉迟恭鞭打单雄信》等。钟嗣成《录鬼簿》、姚燮《今乐考证》及王国维《曲录》等均有著录。朱权《太和正音谱》“关汉卿”名下作《敬德降唐》。《尉迟恭单鞭夺槊》现存于赵琦美《脉望馆钞校本古今杂剧》中，剧目下题为“关汉卿”，首页标目下有赵琦美朱批注云：“《太和正音》名《敬德降唐》。”此外陈与郊《古名家杂剧》、臧晋叔《元曲选》亦收录此剧，不过这两种选本均题尚仲贤撰。考《录鬼簿》中尚仲贤名下有《三夺槊》一剧，现存于《元刊古今杂剧三十种》内。细检《尉迟恭三夺槊》与《尉迟恭单鞭夺槊》这两部剧目相似实则不同的杂剧，可以初步认定，《尉迟恭单鞭夺槊》既非《尉迟恭三夺槊》，亦非尚仲贤之另一剧作，疑似后人传抄刊刻之误。

该剧发生的背景在隋末大唐初立之时，各路反王争立为帝，相互混战。最后中原地区只剩下定阳刘武周、洛阳王世充、太原李渊三路人马鼎足而立，其中太原李渊之子李世民力量最强。本剧即从唐元帅李世民引军征讨刘武周，困其部将尉迟恭于介休城说起。这部杂剧取材于《旧唐书·尉迟敬德传》：

> 武德三年，太宗讨武周于柏壁。武周令敬德与宋金刚来拒王师于介休。金刚战败，奔于突厥。敬德收其余众，城守介休。太宗遣任城王道宗、宇文士及往谕之，敬德与寻相举城来降。太宗大悦，赐以曲宴，引为右一府统军，从击王世充于东都。既而，寻相与武周下降将皆叛，诸将疑敬德必叛，囚于军中。行台左仆射屈突通、尚书殷开山咸言："敬德初归国家，情志未附，此人勇健非常，絷之又久，既被猜贰，怨望必生。留之恐贻后悔，请即杀之。"太宗曰："寡人所见，有异于此。敬德若怀翻背之计，岂在寻相之后耶？"遽命释之，引入卧内，赐以金宝，谓曰："丈夫以意气相期，勿以小疑介意。寡人终不听谗言以害忠良，公宜体之。必应欲去，今以此物相资，表一时共事之情也。"是日，因从猎于榆窠，遇王世充领步骑数万来战，世充骁将单雄信领骑直趋太宗，敬德跃马大呼，横刺雄信坠马。贼徒稍却，敬德翼太宗以出贼围，更率骑兵与世充交战，数合，其众大溃。

关汉卿在尊重历史史实的基础上，进行了合情合理的艺术虚构和加工。他不拘泥于史实，也不依附于史料，而是遵循宋代说话人"三分真七分假"的创作传统，从纷繁的史事中理出有关尉迟恭的三件事来展开叙述脉络，既部分还原了历史，又使历史故事张弛有力，形成了一个有血有肉、有声有色、鲜活有力的艺术整体。

尉迟恭（敬德）系刘武周手下一员上将，“使一条水磨鞭”，“有万夫不当之勇”。唐元帅李世民率领十万雄兵征讨据守定阳的刘武周时，与刘武周的部将尉迟恭交锋。尉迟恭后因追赶李世民，被引至介休城中遭徐茂公统兵包围。面对李世民的雄兵围攻劝降，尉迟恭丝毫不为其所动。李世民非常欣赏尉迟恭的才能，认为“似尉迟恭这等一员上将，端的世之罕有”，“某若得尉迟恭降俺呵，勦除草寇，有如反掌耳。”多次招降，尉迟恭不肯忘恩而降唐。李世民、徐茂公便施一计，让刘文靖至沙陀取刘武周首级。然后，李世民携带刘武周首级兵临城下，招降尉迟恭。尉迟恭以“某有主公刘武周，见在定阳，岂肯降汝”，“一马不背两鞍，双轮岂碾四辙，烈女岂嫁二夫？俺这忠臣岂佐二主？”为由，拒绝招降，表现出一股不可侵犯的大丈夫的凛然之气。待徐茂公献上刘武周首级，尉迟恭起先认为其中可能有诈，待将所献首级细加辨认后，方知其主公果真遇害，不禁痛哭道：“原来真个是我主公首级！可怎生被他杀了也？”唐元帅、徐茂公又一再劝降，说：“岂不闻‘高鸟相良木而栖，贤臣择明主而仕’，背暗投明，古之常理也。”尉迟恭坚持要为其主公服孝三年，服孝期满，方可降唐，显示出他对主公的忠义之心。只因当时军情事急，徐茂公一再催说既等不得三年，也等不得三个月，最后只能一日准一年。这样便待尉迟恭“三日服孝满，埋殡追荐了”其主公之后才大开城门投降，并以“火尖枪、三乌马、水磨鞭、衣服铠甲”等为信物交与徐茂公。这其间的周旋正如一支〔仙吕·端正好〕所唱的那样“他服孝整三年，事急也权那做三日”，“则他这忠臣尽却君臣礼”，为下文的“龙虎风云会”作了很好的铺垫。

李世民求贤若渴，对尉迟恭的归降赞不绝口，这“千战千赢”的“斩虎英雄，不弱如那子路、澹台”，“纵便有铁壁银山也撞开”，并把尉迟恭的到来比作周文王把姜太公请下钓鱼台，可见尉迟恭在他心目中的地位。同时他对前来受降的这位英雄豪杰又万分疑虑，他“传将令疾教军布摆”，“七重围子两边排”。李世民深知尉迟恭勇敢威猛，尽管跨下无骏骓，手中无器械，但其“虎瘦雄心在”，英雄气概处处逼人。经尉迟恭一番述说后，这才放下了刚才的戒备之心，为得到这样的将才而庆幸。这种微妙的心理变化，正反映出他做事极为谨慎的态度。

李世民为尉迟恭“亲解其缚”，尉迟恭拜了几拜，并说：“量敬德有何能，着元帅如此重待?”这既反映出尉迟恭的忠勇守信与自谦，又对李世民不计前嫌、礼贤下士的宽宏大量的情怀表示感激，愿意赴汤蹈火，誓死相报。同时又引出当初在赤瓜峪与三将军李元吉相持，打了他一鞭，以“怕三将军记着一鞭之仇”。为了让尉迟恭更加宽心，李世民接着说：“某如今奏知圣人，自有加官赐赏，谁敢记仇?”尉迟恭则借韩信之事说：“韩信弃项归刘，萧何举荐，挂印登坛；想尉迟恭虽不及韩信之能，料元帅不弱沛公之量也!”李世民为让尉迟恭不再疑虑，表示自己要像刘邦登台拜将那样，拜尉迟恭为大将军，并说尉迟恭是“文武双全将相才”，要他“立唐朝显手策”，“扫荡云霾，肃靖尘埃”。并安排筵宴，真心款待，处处凸显出李世民的贤明爱才。徐茂公本想差人往京师禀告尉迟恭降唐一事，李世民却吩咐徐茂公和三将军元吉看守营寨，自己要亲自去京师向其父李渊奏明尉迟恭降唐，并为尉迟恭领取将军牌印。

尉迟恭为李世民的这一片诚心所打动，对徐茂公说：“军师，想敬德降唐，无寸箭之功，元帅就与我取印牌去了；我必然舍这腔热血，与国家用力，方显尽忠之心也。我仗义能施离旧主，赤心报国辅朝廷。凭着我点钢枪扶持唐社稷，水磨鞭保佐李乾坤。”

（江莺华）

尉迟恭单鞭夺槊 第三折

原文

〔越调·斗鹌鹑〕人一似北极天蓬，马一似南方火龙；他那里纵马横枪，将咱来紧攻。他急似雷霆，我疾如火风；我这里走的慌，他可也赶的凶。似这般耀武扬威，争强奋勇。

〔紫花儿序〕我恨不的肋生双翅，项长三头；他道甚么休走唐童。恰便似鱼钻入丝网，鸟扑入樊笼，匆匆。马也，少不的上你凌烟第一功，则要得四蹄挪动。只听的喊杀声声，更催着战鼓逢逢。

〔耍三台〕待把我征驼纵，残生送。呀，元来是军师茂公。他道我已得命好从容，且看他如何作用。则要你拿云手紧将袍袖封，谈天口说转他心意从。你便是骗英布的隋何，说韩信的蒯通。

〔调笑令〕见那厮不从，支楞楞扯出霜锋；呀，我见他尽在嘻嘻冷笑中；我见他割袍断袖绝了朋情重，越恼的他忿气冲冲。不争这单雄信推开徐茂公，天也，谁搭救我这微躬。

〔小桃红〕手中无箭慢张弓，频把这虚弦控。元来徐茂公临阵不中用！则听的语如钟，喝一声响亮春雷动。纵然他有些耳聋，乍闻来也须怕恐！高叫道"休伤俺主人公"。

〔秃厮儿〕尉迟恭威而不猛，单雄信战而无功。我见他格截架解不放空，起一阵杀气黑濛濛，遮笼。

〔圣药王〕这一个枪去疾，那一个鞭下的猛，半空中起了一个避乖龙。那一个雌，这一个雄，珰玎珰鞭槊紧紧相从，好下手的也尉迟恭！

〔收尾〕我则见忽的战马交，出的枣槊起，飕的钢鞭重，把一个生硬汉打的来浑身尽肿。哎，则你个打单雄信的尉迟恭，不弱似喝娄烦他这个霸王勇！

鉴赏

王世充手下大将单雄信得知李世民领段志贤观看洛阳城，便带领三千人马赶去。这里一层一层地铺垫，一层一层地烘托：单雄信先追赶段志贤，段志贤为了自保性命，临阵脱逃；李世民逃至榆科园(《旧唐书·尉迟敬德传》作榆窠)，徐茂公迎面而上，与单雄信讲情无果；紧接着尉迟恭从后赶来，舍生救主，身手不凡，将整个十分紧张而危急的场景刻画得入木三分。尤其是单雄信追赶唐元帅李世民的情景，是本剧所着力渲染的重头部分，它不仅仅着力刻画尉迟恭舍生救主的神勇和忠义，更凸显出其舍生救主的重要历史意义。在唱词中将单雄信追赶李世民的场景表现得惟妙惟肖，通过句式的安排和修辞手法等的运用，充分地展现出李世民危难关节的紧张气氛。

在〔斗鹌鹑〕、〔紫花儿序〕两支曲子中，通过排比、对比等句式的巧妙安排来展现追赶的急迫："人一似北极天蓬，马一似南方火龙"，"他急似雷霆，我疾如火风"。李世民这边则是"恰便似鱼钻入丝网，鸟扑入樊笼"，"恨不的胁生双翅，项长三头"，一股股杀气在那一阵阵战鼓声中，令人不敢消停。其间又穿插了不少比喻、夸张等修辞手法，将当时整个高度紧张而危急的追赶场面和李世民的整个心理过程极其生动而逼真地予以勾勒出来，烘托出两员大将即将交战前的紧张而激励的气氛，语言朴素本色，画面的动态感很强。

徐茂公迎面而上，跟单雄信讲起昔日旧交之情。尽管单雄信与徐茂公曾有旧交，但现在已经各事其主，便不领旧情，拔出剑来"割袍断义"，并藐视李世民为"唐童"。当时，李世民"似鱼钻入丝网，鸟扑入樊笼"，见他剑从鞘出，"支楞楞"一声，已经万分无望，〔调笑令〕对其惶恐心理有着细致的描写和刻画。

在万分无奈之下，李世民不禁发出"元来徐茂公临阵不中用"，"待把我征驹纵，残生送"，"天也，谁搭救我这微躬"的人生感叹。单雄信要李世民下马受降，李世民虽"擅能神射"，然而此时"手中有弓可无箭"，只能"频把这虚弦控"。

正在这万分危急之时，尉迟恭骑马从后迎面赶来，挺身而出，奋不顾身，对单雄信大喝一声，道："休伤俺主人公"，其声响亮如雷动。单雄信见尉迟恭来搭救李世民，说了句很无礼的话："那里走这个胡汉来？这厮划马单鞭也，何足道哉！"双方交锋的场景，正如唱词所云：

〔秃厮儿〕尉迟恭威而不猛，单雄信战而无功。我见他格截架解不放空，起一阵杀气黑濛濛，遮笼。

〔圣药王〕这一个枪去疾，那一个鞭下的猛，半空中起了一个避乖龙。那一个雌，这一个雄，玮玎珰鞭槊紧紧相从，好下手的也尉迟恭！

这两员大将皆武艺高强，英勇威猛，难分伯仲，"这一个枪去疾，那一个鞭下的猛"形成一个鲜明而强烈的对比，双方在交战中打得难分难舍，这里通过句式和对比，极力反映出双方武艺的高超，但最后单雄信还是败在尉迟恭手下，突出"单鞭夺槊"的主题，更加凸显出尉迟恭的威猛、神勇和忠义的形象。尉迟恭的这一鞭打得单雄信最终吐血而走，并被夺了那枣槊。

为凸显双方交战时的紧张气氛，在句式的安排上，多用对仗和排比，如"人一似北极天蓬，马一似南方火龙"，"他急似雷霆，我疾如火风；我这里走的慌，他可也赶的凶"，形成了一种排山倒海的气势，让人感受到双方交锋的激烈和心理高度紧张的状态。在修辞选择上，夸张、对比、比喻等多种修饰手法的综合运用，皆引人入胜，极具感染力。

这一折几乎完全忠实于正史，倘若当初李世民所见同于诸将，将尉迟恭"囚而杀之"，则不会有尉迟恭挺身而出、舍身救主的事情发生，正如杂剧所点出的："那时敬德不去，唐元帅想是休了！"历史很有可能就会重写。历史的发展体现在那些左右历史和人类命运的重要历史人物身上，他们的一言一行，有时候往往是环环相扣的：某一个细微的动作，某一个微妙的眼神，某一个一念之差，都能改变人类发展的历史进程，这也是这部杂剧在凸显尉迟恭神勇形象的同时，给读者留下的一个恒远的思考。

（江莺华）

关大王独赴单刀会 第三折

原文

〔中吕·粉蝶儿〕那时节天下荒荒，恰周、秦早属了刘、项，分君臣先到咸阳。一个力拔山，一个量容海，他两个一时开创。想当日黄阁乌江，一个用了三杰，一个诛了八将。

〔醉春风〕一个短剑下一身亡，一个静鞭三下响。祖宗传授与儿孙，到今日享、享。献帝又无靠无依，董卓又不仁不义，吕布又一冲一撞。

〔十二月〕那时节兄弟在范阳，兄长在楼桑，关某在蒲州解良，更有诸葛在南阳；一时出英雄四方，结义了皇叔、关、张。

〔尧民歌〕一年三谒卧龙冈，却又早鼎分三足汉家邦。俺哥哥称孤道寡世无双，我关某匹马单刀镇荆襄。长江，今经几战场，却正是后浪催前浪。

〔石榴花〕两朝相隔汉阳江，上写着道“鲁肃请云长”。安排筵宴不寻常，休想道是“画堂别是风光”。那里有凤凰杯满捧琼花酿，他安排着巴豆、砒霜！玳筵前摆列着英雄将，休想肯“开宴出红妆”。

〔斗鹌鹑〕安排下打凤牢龙，准备着天罗地网；也不是待客筵席，则是个杀人、杀人的战场。若说那重意诚心更休想，全不怕后人讲。既然谨谨相邀，我则索亲身便往。

〔上小楼〕你道他“兵多将广，人强马壮”；大丈夫敢勇当先，一人拚命，万夫难当。你道是隔着江起战场，急难亲傍；我着那厮鞠躬、鞠躬送我到船上。

〔幺〕你道是先下手强，后下手殃。我一只手揪住宝带，臂展猿猱，剑掣秋霜。他那里暗暗的藏，我须索紧紧的防。都是些狐朋狗党！小可如千里独行，五关斩将。

〔快活三〕小可如我携亲侄访冀王，引阿嫂觅刘皇，灞陵桥上气昂昂，侧坐在雕鞍上。

〔鲍老儿〕俺也曾挝鼓三鼕斩蔡阳，血溅在沙场上。刀挑征袍出许昌，险唬杀曹丞相。向单刀会上，对两班文武，小可如三月襄阳。

〔剔银灯〕折么他雄赳赳排着战场，威凛凛兵屯虎帐，大将军智在孙、吴上。马如龙，人似金刚；不是我十分强，硬主张，但提起我是三国英雄汉云长，端的是豪气有三千丈。厮杀呵磨拳擦掌。

〔蔓菁菜〕他便有快对付能征将，排戈戟，列旗枪，对仗。

〔尾声〕须无那临潼会秦穆公，又无那鸿门会楚霸王，折么他满筵人列着先锋将，小可如百万军刺颜良时那一场嚷。

鉴赏

作为《关大王独赴单刀会》的主人公，关羽直到第三折才出场亮相，这样的关目设置在元杂剧中并不多见。然而仔细揣摩，却不难发现作者关汉卿在塑造关大王人物形象时的缜密构思和独具匠心。全剧的第一、第二折分别由乔国老、司马徽主唱，恰如宁宗一所言“作者打破杂剧体式上的一些通例，精心安排了整整两折戏，为关羽登场反复蓄势，刻意渲染，从而使人物未登场已具有无比气势”。

前两折戏借他人之口进行了层层铺垫，至第三折关羽终于在万众企盼中正式登场。元刊本载关羽扮相：正末扮尊子燕居。尊子是对上界天神的称呼，在宋元时期，关羽崇拜已有广泛的民间基础，加以宋代统治者的不断敕封，从赐庙额到封王，关羽已被民间奉为神明。尤其经过南宋时期的大动荡之后，关羽的忠义形象更为人们所推崇。入元后，蒙古统治者并没有摒斥关羽的宗教形象。故而在《关大王独赴单刀会》中能看到做神明打扮的关大王，而这如天神般出场的架势，又辅以之前整整两折戏的反复铺垫与渲染，确实给人以神威凛凛、气势不凡之感。值得一提的是，第一折中的乔国老、第二折中的司马徽和第三折中的关羽，实际都由同一脚色即"正末"扮演，在元杂剧体例中，其他次要脚色可能会分饰多个人物，但作为主演的正末在三折戏中先后饰演三人的情况并不多见，这也是《关大王独赴单刀会》的一大特点。于观众而言，关羽虽然在第三折首次登场，但这位演员已不是第一次露面。这也许会导致观者对剧情产生一定的疏离感，但从戏剧理论角度而言，这种疏离感推倒了舞台上的"第四堵墙"，使观者时刻明白演员只是在演戏，自己只是在观剧，观者可以保持自己理智的思考与评判。

《关大王独赴单刀会》第三折按内容可大致分为三个部分。第一部分是〔粉蝶儿〕至〔尧民歌〕四支曲子，关羽对历史古今进行叙述，"那时节天下荒荒，恰周秦早属了刘、项"，从刘邦项羽楚汉相争时期展开视线，勾画了秦末至当下的历史经过。对刘邦与项羽，关羽并没有予以明确的褒贬，而是带着阔大胸襟对二人俱有称颂，"一个力拔山，一个量容海，他两个一时开创"。然后急转到当下时局：献帝"无靠无依"、董卓"不仁不义"、吕布"一冲一撞"。正值此际，刘、关、张兄弟聚义，并辅以诸葛亮的智勇权谋，终于成就一番业绩——"俺哥哥称孤道寡世无双，我关某匹马单刀镇荆襄"，关羽以亲历者之口交代蜀汉历史，愈发使人心血沸腾、拊掌称快。最后还附以长江“后浪催前浪”的比拟，更能生发出古今更迭、英雄辈出的慨叹。长江，也是此后上演的“单刀会”的必经之途，第三折的第一段落从古史展开，以长江作结，在历史和地域上都拓开了疆域，确实是久经蓄势之后的非凡开场，也极其衬合关汉卿对关羽的推崇与敬仰。

〔石榴花〕〔斗鹌鹑〕是本折第二个段落，精炼地交代了关羽在收到鲁肃邀请之后的决策。关羽一收到“鲁肃请云长”的请书，就立刻判断出对方用意：“安排筵宴不寻常……他安排着巴豆、砒霜”。鲁肃的再三谋划，周密设计，在关羽眼中却立即被识穿，直指出“准备着天罗地网”“则是个杀人的战场”。尽管如此，关羽仍然以非凡的胆色唱出他的决定：“既然谨谨相邀，我则索亲身便往。”这就是英雄的本色，没有忧思顾虑，没有半点迟疑，胸臆中只是一种畅快的豪情与胆魄，短短两支曲子便让人又对关羽增添无限的服膺。

〔上小楼〕至〔尾声〕是本折的第三个段落，以关羽和关平之间的问答为英雄增加有力的注解。在元刊本中，并没有关平的科白，但仍能从关羽的唱词中看出一问一答的痕迹。《关大王独赴单刀会》的另一较早版本，明代赵琦美的脉望馆抄本中，补全了关平的提问。这些问题也是观众们所关心的，关羽单刀赴会面对的局势极为凶险，天时、地利、人和都被对方占尽，他能否一一破解，全身而退？对此，关羽以他的豪气干云和辉煌过往来作答，既有“一人拚命，万夫难当”的勇猛气势，也有对“千里独行，五关斩将”的自豪举例，足以显现破除诡计的充分把握。在关羽眼中，东吴的这场“鸿门宴”不过就像当初的过五关斩六将、千里走单骑一样，尽在他的掌握之中。此后关羽铺叙了自己的那段英勇过往，挂印封金、灞桥挑袍、斩杀蔡阳，这些辉煌的事迹不仅壮起了关羽的胆气，丰满了人物形象，也必然使观剧者血脉贲张、遐想无限。“向单刀会上，对两班文武，小可如三月襄阳”，三月襄阳指刘备赴襄阳会刘表一事。刘关张古城重会后，刘备赴襄阳借城屯兵，受到刘表欢迎，却招致刘表次子刘琮的戒备和不满。刘琮设计捉拿刘备，幸亏有刘表长子刘琦的暗示，刘备及时脱身，马跳檀溪，最终渡过了厄难。襄阳赴会颇为坎坷凶险，关羽提起时的语气却显得轻松，可知英雄心中已有了充分的准备，但他仍以从容的气魄藐视未来的挑战。

〔剔银灯〕〔蔓菁菜〕两支曲子，关羽把视线移到当下，将东吴的排兵布阵、阴谋诡计和自己的刚强勇猛做了一系列的对比，在对比中他的豪情愈发高涨，读者不难从中感受出他的一腔热血不断沸腾的过程。最后的〔尾声〕收结于“小可如百万军刺颜良时那一场嚷”一句，这又是本折的一处妙笔。在前文中，关羽的勇猛、胆色已经得到了极其充分的刻画与渲染，通过主人公的追往抚今、对阴谋的果断决策，以及对关平诘问的完满回答，三个层次不断推进，一场雄壮的英雄赴会即将在下篇铺展。收尾时，作者将笔触带回关羽初扬沙场威名的瞬间，在万军之中策马冲锋、斩杀大将颜良，仿佛电影的闪回手法，壮年的关羽和今日关羽两重形象叠合在一处，其形象愈发明亮耀眼，使人在心生崇敬、无限膜拜之余，也有血性萌发之感。至此，作者为最高潮的第四折做了完满的铺垫。当关羽在第四折中再次出场，沉稳地唱出“大江东去浪千叠”一句时，观者之热泪与热血必定交相涌动，万千感慨奔涌而至，又为英雄赴会营造了壮阔、肃穆的开场氛围。

《关大王独赴单刀会》第三折后来被保留在昆曲剧目之中，名为《单刀会·训子》。昆曲净行剧目之中,《训子》和《刀会》(即《单刀会》第四折)较难扮演,因其声调高亢,关公的做派又有许多讲究之处。晚清时期苏州著名的昆曲艺人黄松、张八骏以擅演《训子》而著称,黄松演唱《训子》,虽高唱入云而端坐不稍动,关羽盔殿额上的绒球也安如磐石,无抖擞之病,以显现其威严之态。近代北方昆弋班也演出此剧,以侯玉山最为著称。民国时期王季烈编纂的《集成曲谱》、褚民谊编纂的《昆曲集净》等曲谱中,都录有《单刀会·训子》的完整唱念及宫谱。

(袁玉冰)

关大王独赴单刀会 第四折

原文

〔双调·新水令〕大江东去浪千叠，引着这数十人驾着这小舟一叶。又不比九重龙凤阙，可正是千丈虎狼穴。大丈夫心烈，我觑这单刀会似赛村社。

〔驻马听〕水涌山叠，年少周郎何处也？不觉的灰飞烟灭，可怜黄盖转伤嗟。破曹的樯橹一时绝，鏖兵的江水犹然热，好教我情惨切！（云）这也不是江水，（唱）二十年流不尽的英雄血！

〔胡十八〕想古今立勋业，那里有舜五人、汉三杰[①]？两朝相隔数年别，不付能见者，却又早老也。开怀的饮数杯，尽心儿待醉一夜。

〔庆东原〕你把我真心儿待，将筵宴设，你这般攀今揽古，分甚枝叶？我根前使不着你"之乎者也"、"诗云子曰"，早该豁口截舌[②]！有意说孙刘，你休目下番成吴越！

〔沉醉东风〕想着俺汉高皇图王霸业，汉光武秉正除邪，汉王允将董卓诛，汉皇叔把温侯灭，俺哥哥合承受汉家基业。则你这东吴国的孙权,和俺刘家却是甚枝叶?请你个不克己先生自说!

〔雁儿落〕则为你三寸不烂舌,恼犯我三尺无情铁。这剑饥餐上将头,渴饮仇人血。

〔得胜令〕则是条龙向鞘中蛰,唬得人向坐间呆,今日故友每才相见,休着俺弟兄每相间别。鲁子敬听者,你心内休乔怯,畅好是随邪③,休怪我十分酒醉也。

〔搅筝琶〕却怎生闹炒炒军兵列,上来的休遮当,莫拦截!我着他剑下身亡,目前流血。便有那张仪口、蒯通舌,休那里躲闪藏遮。好生的送我到船上者,我和你慢慢的相别。

〔离亭宴带歇指煞〕我则见紫袍银带公人列,晚天凉风冷芦花谢,我心中喜悦。昏惨惨晚霞收,冷飕飕江风起,急飐飐云帆扯④。承管待、承管待,多承谢、多承谢。唤梢公慢者,缆解开岸边龙,船分开波中浪,棹搅碎江中月。正欢娱有甚进退,且谈笑不分明夜。说与你两件事先生记者:百忙里称不了老兄心,急切里倒不了俺汉家节。

〔注〕

① 舜五人、汉三杰：舜五人,指舜的五个贤臣：禹、弃、契、皋陶、垂。汉三杰,指辅助汉高祖刘邦取得天下的张良、韩信、萧何。
② 豁口截舌：豁开口,割掉舌,意思是怪他多嘴。
③ 随邪：歪邪,不正经。
④ 急飐飐(zhǎn)云帆扯：风吹船帆急速抖动的样子。

鉴赏

《关大王独赴单刀会》是关汉卿以他的盖世才华和诗人的激情所谱写的一支强者的颂歌。

关于关羽单刀赴会事,史书上只有一句简略的记载:“肃邀羽相见,各驻兵马百步上,但请将军单刀俱会。”(《三国志·吴书·鲁肃传》)而戏中绝大部分情节和人物之间的关系则几乎都是虚构的,即使作者根据的那一点史实,也被大胆地改造成为关羽一人的单刀会。从全剧的调子来看,作者的美学追求并不在于这一历史事件构成的故事情节,而是要写出一种个性,一种激情,这就是响彻在全剧的主旋律——对英雄人物的伟大历史业绩的向往和对英勇豪迈精神的礼赞。它具有典型的历史英雄颂剧的格调。

《关大王独赴单刀会》作者的旨趣所在是调动一切艺术手段来着意渲染关羽的大无畏的英雄气概和坚贞不屈的精神。为此,关汉卿把戏剧冲突设置在鲁肃图谋设宴拿住关羽，而关羽要击破鲁肃图谋保住荆州的关键时刻。为要使关羽一亮相就光彩照人，不同凡响，作者打破杂剧体式上的一些通例，精心安排了整整两折戏，为关羽登场反复蓄势，刻意渲染，从而使人物未登场已具有无比声势。从这两折戏看，正末乔玄和司马徽两个人物，实际上是作者手里的两支彩笔，专门用来为关羽立传造像、添姿增色。其直接笔墨，就是经由乔玄、司马徽作褒扬之辞，其间接笔墨，就是以乔玄、司马徽和鲁肃作关羽的陪衬，明写前者，暗托后者，从而突出关羽的超群不俗和盖世威风。既有正写，又有映衬，还有烘托，然而无论是乔玄、司马徽，还是鲁肃，都不过是关羽的垫角，因此，直接反映在观众心理上的已经是如见其人，如闻其声了。

关羽未出场前，便有气势；既出场后，更有分量。第三折关羽一上场就从各个角度映照出他的性格特征。在接受“请书”的一刹那间，关羽态度表现得雍容镇定，而且一下子就看穿了鲁肃的阴谋。他明明知道对方为他安排下的是“杀人的战场”，而非“待客的筵席”，却敢于慨然接受他的邀请；明明知道摆在面前的是“天罗地网”“打凤的牢笼”，但是“大丈夫心烈”，他偏要单刀赴会；明明对方给他预备下了“巴豆、砒霜”，他却以看赛会的轻松心情坦然对之，这一切，都因为在他身上有着出生入死的磊落精神和气贯长虹的浩然正气。请听这支名曲：

〔剔银灯〕折么他雄赳赳排着战场，威凛凛兵屯虎帐，大将军智在孙、吴上，马如龙，人似金刚；不是我十分强，硬主张，但提起我是三国英雄汉云长，端的是豪气有三千丈。厮杀呵磨拳擦掌。

面对强敌，却有一种压倒敌人的气势。而那富于动作性的曲文把这位有智谋、有勇略、有胆识的大将军关云长的光辉形象径直地推向了舞台的最前沿。

第四折是从正面具体描写关云长和鲁肃的冲突。但是，在关羽会见鲁肃之前，剧作者却采取了剧本结构技巧中的延宕法，有意地让强烈的矛盾冲突即将揭开时，先来一个回旋，出现一个暂时的停滞，抽出时间，再次展示主人公的内心活动，让关羽在赴会途中，面对大江，抒发历史的感慨，从而使矛盾顿宕前进，〔新水令〕和〔驻马听〕这两支凭今吊古、慷慨苍劲的曲子当是从苏东坡的“大江东去，浪淘尽、千古风流人物”这首《念奴娇·赤壁怀古》蜕化出来的。但它的激情却绝不亚于原词，其中奥妙就在于关汉卿把人物性格的刻画完全交融在环境的描写里，形成了一个情景相生的独特的艺术境界。关羽的唱段一开头，气派就很大，“大江东去浪千叠”就是一幅十分壮美的画卷，那种波涛万顷，吞天浴月的大江景色，浩浩渺渺，流向东方，它气势磅礴，大笔勾勒，先声夺人，使人们精神为之一振。接着是“水涌山叠，年少周郎何处也”，从不同角度、方位，以纵横自如的笔意勾勒出赤壁遗迹：仰视是重峦叠嶂，俯视则惊涛拍岸，犹如一组蒙太奇的镜头，冲击着我们的感官。而在这千古的历史长河里，该有多少可歌可泣的业绩？古往今来的风流人物又有多少？在无限广袤的时间、空间的背景里，在绚烂多姿的历史人物画廊里，凸显了剧中人所怀的主体——周瑜、黄盖等。这种怀古之情正是寄寓在一定的历史人物和历史事件之中的，作者把语言形象的诗和视觉形象的画同活动着的人事融合为一体，并借助于这一总体形象，抒写中华民族不屈不挠、英勇悲壮的历史，创造出一个情景交融、诗情蓊郁的艺术境界。值得注意的是：剧作家不仅运用诗的语言，创造了丰富的诗的意境，而且把剧中的主人公也“诗化”了。关羽魄力雄强、精神飞动的英雄气概是同环抱的万山、汹涌的大江相辉映，自然的雄奇之美又映衬着人物内心豪壮之美。“大江东去浪千叠”不仅介绍了戏剧环境，更重要的是把关羽“出龙潭，入虎穴”的英雄行为以及他那压倒敌人的气势刻画了出来。因此，在规定情景里，作为剧诗的主人公的关羽本身就是一首英雄豪迈的诗，一首强者的诗。单刀赴会，一路之上，不以面前的“千丈虎狼穴”为意，而以诗人般的情怀去欣赏江景，去缅怀叱咤风云的英雄岁月，去追忆二十年前的威武雄壮的战斗场面，去寄托自己的情思，这是何等豪迈英武的怀抱！面对滔滔江水，不是发出“人生如梦”的感叹或抒怀古之幽情，一句“二十年流不尽的英雄血”，以铿锵有力的诗的语言，把关羽的强大意志力活脱脱地展现出来了。关汉卿以他清新、独到的写意之笔，把关羽对蜀汉的一片赤胆忠心和那光明磊落、坦荡无畏的胸怀，知难而进、百折不回的精神表现得酣畅淋漓。这种对“境”与“人”的高度概括性描写，达到了生动地具现环境和突出人物性格的艺术效果。由此可看出，《单刀会》的美感力就在于，它是剧，也是诗。作者以诗笔写剧，是诗与剧的融合，而且融合得极自然极美。

经过这个过场再次渲染关羽的气冲霄汉的英雄气概，然后才转入惊险的单刀会，可见关汉卿是把戏剧冲突最尖锐部分摆在最后一折的一个正场上。关羽弃舟登陆，会见鲁肃，戏剧进入正面冲突并形成高潮。关羽一眼就看透了鲁肃的心思，立即戳穿他设宴的阴谋，指出他的“攀古揽今”无非是为索取荆州，并且斩钉截铁警告鲁肃休要使孙、刘“唇齿”“和谐”的关系“番成吴越”的敌对关系。鲁肃不肯轻易罢休，反而指责关羽“傲物轻信”。到此时，关羽以先声夺人的气势指出：“俺哥哥合承受汉家基业。则你这东吴国的孙权，和俺刘家却是甚枝叶？”汉家基业决不准他人觊觎，匡扶汉室是自己的神圣职责。这段〔沉醉东风〕的曲文唱得大义凛然，气势非凡。

关羽威震东吴，脱险返棹。〔离亭宴带歇指煞〕一曲特写关羽胜利的喜悦，字里行间，跳荡着轻松之感：芦花、晚霞、江风、急帆，在急切里竟欣赏着棹点船行、搅碎的江月。第四折的曲词，一头一尾，表现了关羽的两种心境，衬托了两种景色，都恰到好处。尾声最后两句：“说与你两件事先生记者：百忙里称不了老兄心，急切里倒不了俺汉家节”，明显是剧作家关汉卿通过对历史英雄关羽维护汉家事业的歌颂，流露了自己强烈的恋念故国江山、追慕前朝旧事的感情。关汉卿在《关大王独赴单刀会》中对关羽形象的创造，可以说达到了传神境界。他极善于从特定情势和人物的精神境界里深刻地揭示关羽英雄形象的内在威力。他更善于从他的神情气势中描绘其英武的形象和内在威力，传其神，写其心。这就是关汉卿艺术腕力高超之处，因为这种反映人物的内心于毫端，不独摹写他的外形于纸上，正是他不以“神化”“猎奇”为其追求的目标，而是从人的精神状态里，发掘和把握人物的性格特点，并把他的精神气质的特征融合在情节提炼、细节描写、氛围烘托里，从而达到“气旺神完”的艺术化境。由于此剧（特别是第四折）的非凡之笔，故而在舞台上常演不衰，至今在昆剧、京剧等剧种中均仍有流行，唱词也为元杂剧原用唱词。

（宁宗一）

钱大尹智勘绯衣梦 第二折

原文

〔南吕·一枝花〕去时节恰黄昏灯影中，看看的定夜钟声后。我可便本欲图两处喜，到翻做满怀愁，心绪浇油。脚趔趄、家前后，身倒偃、门左右。觉一阵地惨天愁，遍体上寒毛抖擞。

〔梁州〕战速速肉如钩搭，森森的发似人揪。本待要铺谋定计风也不教透；送的我有家难奔，有事难收。脚下的鹅楣涩道，身倚定亮隔虬楼。我一片心搜寻遍四大神州，不中用野走娇羞。俺、俺、俺，本是那一对儿未成就交颈的鸳鸯；是、是、是，则为那软兀刺误事的那禽兽，闪的我嘴碌都恰便似跌了弹的斑鸠。我欲待问一个事头；昏天黑地，谁敢向花园里走，我从来又怯后。则为那无用的梅香无去就，送的我泼水难收。

〔四块玉〕那风筝儿为记号，他可便依然有；咱两个相约在梧桐树边头。则我这绣鞋儿莫不蹦着那青苔溜。这泥污了我这鞋底尖。红染了我这罗裤口。可怎生血浸湿我这白那个袜头!

鉴赏

本剧简名《绯(非)衣梦》或《四春园》,今传诸版本文字略有出入。本文原曲以脉望馆抄校本为底本,个别字句改从《古名家杂剧》本及顾曲斋《元人杂剧》本。本剧概括全剧内容的"题目正名"为:"王闰香夜闹四春园,钱大尹智勘绯衣梦;李庆安绝处幸逢生,狱神庙暗中彰显报。"剧情大致是写少女王闰香自幼指腹为亲,许配给李庆安,其后李家道中落,王父欲毁婚,而闰香心中不愿。某日李庆安因寻取坠落在王家后花园梧桐树上的风筝而偶与闰香晤面,闰香即邀李夜间再到后花园来,以便差梅香送银物给李,使他以之倒换成财礼来娶亲。待至李庆安应约再来时,梅香已遭贼人杀死。李被死尸绊倒,两手皆被血污,乃大惊逃归,并在自家门上留下了血手印。王父以血手印为据,指控李为凶手;经屈打成招,定成死罪。新任开封府尹钱可判斩时,怀疑审谳不实,且发生判斩用笔被苍蝇抱住笔尖和爆破笔管等奇异现象,因令李去狱神庙中祈求神示。李在睡梦中作寝语称:"非衣两把火,杀人贼是我;赶的无处藏,走在井底躲。"钱乃据此而擒得真凶裴炎。李庆安平反后,李父欲反诉王父妄告之罪。庆安念闰香不从父命毁婚、花园赠金的心意,一起代为求情,始得李父宽允,李庆安与王闰香终得团圆成亲。

在关汉卿的存世剧作中,这是一个较少为当代学人注目的本子。许多论述关剧的论文或戏剧史著,都只是提到有这样一个剧目而已，罕有论评。但它在舞台上的能量却很大，福建梨园戏迄今还保有和关汉卿同时的宋元南戏剧目《林招得》，除主人公姓名不同外，剧情大体与此相同。明代传奇和当代多种地方戏，如京剧、越剧、滇剧、徽剧、湘剧、汉剧以及秦腔等梆子系统的各剧种等，也都有这个戏。人物姓名虽有所改易，情节内容也各有不同的发展变化，剧名也有着《卖水记》、《血手印》、《苍蝇救命》、《火焰驹》（秦腔《火焰驹》曾拍摄成电影戏曲片）、《大祭椿》、《缪香娟》等等不同。但从剧目所演梅香于后花园赠金时被贼人杀害，引起男主人公遭受诬陷判断，最后因某种神异力量而得救等基本构架来看，其间的渊源影响关系则是显而易见的。

罕被齿及和搬演不衰这两种似是矛盾的现象，可能正是从不同方面反映出了这个剧本客观存在的特色。在思想意义和文学成就上，它或是不及关氏的某些名作，因此难以吸引学人的重视——有的研究者还怀疑它不是关汉卿的作品，主要原因也即是从内容着眼，以为“苍蝇救命”等荒诞情节，似不当出于关氏手笔。但另一方面，它却以其适于发挥戏曲歌舞表演魅力，舞台性强等特长，而较之关氏的某些“杰作”更广泛、更长久地流传在祖国各地舞台上。这里所选的三支曲文，也就是着眼于从一个侧面去说明它这一方面的特点。

这是第二折梅香去花园赠金后，王闰香演的一场戏。上场后有一小段念白，点明规定情境是：“先着梅香送一包金银去了。这梅香好不会干事也，这早晚可怎生不见来，好着我忧心也呵！”接下来即是唱〔一枝花〕曲。曲文开头至“心绪浇油”五句，大体仍是略为详细地重复了白文的内容：梅香的迟迟不见归来，使她犹如热锅上的蚂蚁，坐立不定，忧虑重重，要亲自到花园去看一个究竟了。接下来，作者却不再去抒写她的"满怀愁"；而拨转笔锋，着意刻画的是深闺少女王闰香在此情此景下步出绣房时，由心理、生理反应而产生的种种形体姿态。

首先，她虽然是急着要去，但又顾虑多端，所以是欲步还停，且行且止，脚步趔趄不稳，甚或时而倾倒在门旁；似乎走了不少时间了，仔细一看，却还停留在屋舍侧近。及至好不容易地走到了庭中，由于心虚胆悸和夜色深沉、寒气袭人，她顿时觉得是地惨天愁，凄厉可怖，不由得"遍体上寒毛抖擞，战速速肉如钩搭，森森的发似人揪"。

这初出门的两段戏，虽然没有一个字写到她内心的焦虑心绪，但由于曲文为用舞蹈化的形体动作表演她的娇怯忧恐，提供了充分机会，已足以使观场者在赏心悦目的同时，深刻感受到那笼罩着王闰香的阴森凛冽的凝重气氛，为之肌栗。

王闰香已经要丧失掉继续前进的勇气了。但当想到声名攸关的"铺谋定计"如不幸走透风声，势将陷入"有事难收"的窘境，她只能还是艰难地向花园走去。"脚下的鹅楣涩道，身倚定亮隔虬楼"：她生怕被人发觉，所以只能躲着月光，在楼宇墙脚下石砌的陡斜基址上摸索行走，不时还要倚靠在门窗上定一下心和防止倾跌。行程如此窘厄，迫使王闰香不禁怨艾丛生，自嗟自叹，埋怨是梅香"那软兀刺误事的那禽兽"破坏了"成就交颈鸳鸯"的天大好事，更"闪的我嘴碌都恰便似跌了弹的斑鸠"，难以腾挪、痛苦挣扎。这又是一个繁复优美的歌舞片断。

终于摸到了后花园。〔四块玉〕曲的前三句，写她见到了和李庆安约定的晤面之处：梧桐树边，风筝之下，忧急的心情稍有缓解。但紧接着就又是更大的紧张：发现梅香被杀。对于这一发现过程，作者又是用许多动作层次来展示的。闰香由于举头仰望树梢的风筝，并没有注意脚下，只是觉得被绊了一下，险些跌倒，还怀疑是“则我这绣鞋儿莫不蹦着那青苔溜”。于是在朦胧月色下举足俯身察看，见到足尖鞋底上沾有些湿黏黏的脏物，犹以为是“这泥污了我这鞋底尖”；循鞋向上，又见到“红染了我这罗裤口”；再仔细辨视，才看到连白袜子也已被浸湿，并大吃一惊地看出那是鲜血，而惊呼出“可怎生血浸湿我这白那个袜头”。细腻写来，层次分明，十分贴切人物的身份经历、心理状态；而每一层次又都可配以鲜明的舞蹈动作，观众看来，既亲切可信，又优美动人。

单纯坐在案头边由欣赏诗、词的角度来读这几支曲文，它可能是语言朴俗而稍逊文采，心理刻画似乎也泛泛一般，无甚特色。但这却是“当行”的场上之曲。如同上面所简析的，作者充分考虑到了曲文主要不是供阅读的，而是供歌舞表演用的，因而给演员留下了施展才艺进行创造的广阔天地。王闰香为争取成就亲事而不得不犯险冒难亲去后花园的艰苦历程，因此而得以通过种种优美的歌舞形象予以充分展示。这是会使观众产生身受之感，倍觉动情的；它的感染力绝不逊于单纯以优美文词所作的深刻心理描绘。这也正是所谓“设身处地”，“全以身代梨园，复以神魂四绕”，以载歌载舞的戏曲表演体现为核心的“场上当行”之作。戏中充满了这种场面，它会受到演员的欢迎和观众的喜爱，也就是意中事了。

（陈　多）

刘夫人庆赏五侯宴 第三折

原文

〔正宫·端正好〕风飕飕，遍身麻。则我这笃簌簌连身战，冻钦钦手脚难拳。走的紧来到荒坡佃，觉我这可扑扑的心头战。

〔滚绣球〕我这里立不定虚气喘，无筋力手腕软。瘦身躯急难动转，恰来到井口旁边。雪打的我眼怎开，风吹的我身倒偃。冻碌碌自嗟自怨，也是咱前世前缘。冻的我拿不的绳索，拳挛着手，立不定身躯耸定肩，苦痛难言。

〔倘秀才〕我这里立不定，吁吁的气喘。我将这绳头儿呵的来觉软。一桶水提离井口边，寒惨惨手难拳。我可便应难动转。

鉴赏

此剧古本仅存《脉望馆抄校本古今杂剧》本，据此影印的有《古本戏曲丛刊》第四集本，经过校点整理的本子有《孤本元明杂剧本》和《元曲选外编》本。题目正名为《王阿三子母两团圆　刘夫人庆赏五侯宴》。原本未署撰人，《也是园书目》题关汉卿撰。

有人疑非关氏手笔。风格的确与关氏其他作品不同，可能非关氏之作，或曾经关氏改编，遂属关氏亦未可知。由于文献不足，难下定论。

剧演长子县人王屠遗孀李氏，因贫典与财主赵太公家作奶母三年。赵太公将典身文书改为卖身文书，并百般虐待李氏，逼她丢弃亲生子王阿三。恰遇李克用子嗣源，被收为己子，取名李从珂。

十八年后，李嗣源率李亚子、石敬瑭、孟知祥、刘知远、李从珂五员虎将战胜后梁王彦章，班师还。从珂殿后，见一贫妇欲悬梁自尽，问明妇人遭遇，原来是李氏不堪赵太公之子脖揪虐待，故寻此短见。所说其子生辰年岁与己同，从珂疑是生母，而嗣源隐瞒真情。李克用妻刘夫人设宴为五虎将庆功，从珂在席间追问此事，夫人告以始末根由，从珂遂迎来生母，一同回京。

这一剧本是根据某些历史记载敷衍而成的。李从珂就是后唐废帝，《唐本纪》有这样一段记载："废帝镇州平山人，本姓王，母魏氏少寡。明宗过平山掠得之。魏有子阿三，已十余岁，明宗养以为子，名曰从珂云。"

作者写李嗣源等镇压黄巢起义军，并取得胜利，是以歌颂的笔调叙述的，这是封建统治阶级的观点，是由于作者的时代局限和阶级局限所决定的。但作者所着力描绘的却是从珂母子离合悲欢，并未突出李家五虎将的作战经过，更未强调他们的赫赫战功，却对受压迫剥削的贫妇表现了深厚的同情。

这里所介绍的三支曲子，最足以体现作品的主旨。李氏在赵太公父子的欺辱之下，茹苦含辛地度过了十八年漫长的岁月，吃她乳汁长大的孩子却成了虐待压迫她的"主人"。在天气酷寒，大雪纷飞的情况下，逼她去饮牛。还不准湿了牛嘴儿，否则就要打她五十黄桑棍。这三支曲子写的就是在雪中去打水饮牛时李氏的感受。

〔端正好〕以五句质朴形象的语言，写李氏被凛冽的寒风吹得遍身麻木，不停地战栗，硬支撑着冻僵的手脚，一步一滑地走到荒郊外井台边，肉体的痛楚和精神的苦闷使她的心跳个不停。

〔滚绣球〕写李氏好不容易走到井边，准备打水，可是她的两脚却站立不住了，不停地气喘吁吁，寸步难移，手腕疲软无力。眼睛被雪打得睁不开，狂风吹得她东倒西歪，冻僵的手拳挛着，连井绳也拿不住，只得耸肩缩背，忍耐着无处申诉的痛苦。

〔倘秀才〕描写她由于站立不稳，气喘吁吁，冻得棒硬的井绳怎能提水呢！只好用她口中的一些热气来使绳上的冰稍稍融化，绳子变得软一些，用尽全身力气方才把一桶水提到井口边，动转不灵的双手，偏偏难以提出水桶，竟使水桶落入井中。

多么生动形象的一幅受虐待妇女生活的写照！多么深刻的封建社会的缩影！多么冷酷的人与人之间的关系！一字字都是血与泪凝结而成，又都是作者对不幸妇女的深厚同情的体现。

对于一般人来说，在日常生活中，水桶掉在井里，本是一件极平常的小事，可是对这失去人身自由的李氏说来，却是弥天大祸。她清醒地意识到等待她的是用黄桑棍毒打，疲惫冻馁不堪的瘦弱身躯哪里还经受得起！少不得也是一死。所以在这时起了轻生的念头是很自然的。因此这三支曲子是李氏和赵家父子矛盾尖锐达到顶点的刻画，也是李氏母子团圆的前奏，在全剧中是个承上启下的关键。

此剧情节与以刘知远、李三娘为主角的南戏《白兔记》颇多相似之处，而且都是五代时故事，很可能当时民间有这故事流传，辗转相传，分别被写入这两部剧作之中。

（周妙中）

邓夫人苦痛哭存孝 第二折

原文

〔梁州〕又不曾相趁着狂朋怪友，又不曾关节做九眷十亲。俺破黄巢血战到三千阵，经了些十生九死，万苦千辛。俺出身入仕，荫子封妻，大人家达地知根，前后军捺袴摩裩。俺、俺、俺，投至得画堂中列鼎重裀，是、是、是，投至向衙院里束杖理民，呀、呀、呀，俺可经了些个杀场上恶哏哏捉将擒人。常好是不依本分！俺这里忠言不信，他则把谗言信；俺割股的倒做了生分，杀爹娘的无徒说他孝顺：不辨清浑！

〔牧羊关〕听说罢心怀着闷，他可便无事哏，更打着这入衙来不问讳的乔民。则他这爷共儿常是相争，更和这子父每常时厮论。词未尽将他来骂，口未落便拳敦，常好背晦也萧丞相。你常好是莽撞也祇候人。

鉴赏

哭，是人的情感的一种鲜明表现，贵在精诚，古人云："真者精诚所至，不精不诚不能动人。故强哭者虽悲不哀，强怒者虽严不威，强亲者虽笑不和。"(《庄子・渔父》)关汉卿擅长写精诚之"哭"，其剧目有《汉元帝哭昭君》《唐太宗哭魏徵》《唐明皇哭香囊》《曹太后死哭刘夫人》，选材都很好，可惜均已佚失，这本《邓夫人苦痛哭存孝》却得以幸存，使我们可以窥豹一斑。

《邓夫人苦痛哭存孝》写唐末忻、代、石、岚都招讨使李克用义子李存孝，原名安敬思，有万夫不当之勇，屡立战功，李克用对其十分倚重。孰料李克用势力扩张之后，整日饮酒，醉中听信另外两个义子李存信、康君立挑唆，违背以前诺言，将李存孝派往艰险之地邢州镇守，而以富庶重镇潞州改派李存信、康君立。李存信、康君立一计得逞，而嫉恨存孝意犹未已，又假传李克用之令，命存孝改回本姓，旋即又到李克用面前挑拨，说存孝擅自改姓，必有怨恨之心，李克用闻之勃然大怒，遂疏远存孝。存孝与其妻邓夫人均愤愤不平，李克用之妻刘夫人欲带存孝前去解释，谁料二奸人用调虎离山之计调开刘夫人，又灌醉李克用，借机传令车裂存孝。刘夫人赶回之后叫醒李克用，二人问明实情，后悔不已，与邓夫人哭祭存孝，并诛李存信、康君立二奸祭奠存孝亡魂。

同样哭存孝，邓夫人比之李克用、刘夫人更为悲痛欲绝，这是因为她最理解存孝对李克用的一片忠心，以及他被李克用误会、疏远的满腔痛苦，对存孝信而见疑，忠而被谤，有口难辩，含冤屈死，邓夫人观得最清，看得最明，最有刻骨铭心之痛。这里选的第二折片断，写的就是夫妻二人面临危机，一次深入的情感交流。

李存孝看到李克用疏远自己，百思不得其解：你李克用既有今日，何必当初，讨伐黄巢的时候，为什么要选拔我做你的义儿家将呢？

李存孝的这种情感，马上引起邓夫人的强烈共鸣，以下邓夫人所唱〔梁州〕一曲，应当视为夫妻二人的共同心声：我李存孝在义儿家将中的崇高地位，那可是实至名归，当之无愧。从作战来说，冲锋陷阵，九死一生，那是一刀一枪杀出来的。从镇守地方来说，上马治军下马治民，那是井井有条，有口皆碑。从对你的忠诚度来说，虽非亲生，胜似亲生，如果需要割股疗亲，那是眼睛都不眨一眨的。李存信、康君立这两个小人，无德无能，口是心非，根本不值得信任。但是事实就是这样无情："俺这里忠言不信，他则把谗言信；俺割股的倒做了生分，杀爹娘的无徒说他孝顺：不辨清浑！"怎不令人气愤，怎不令人痛心！

李存孝、邓夫人正在悲愤交加之际，突然有人在衙门前面鸣冤告状。原来有一个老汉李大户，当初没有儿子，认了一个义子；如今置下田产物业、庄宅农具，更兼有了亲生儿子，就不认义子，要赶他出门。义子不服，特来求李存孝做主。李存孝一听，仿佛事事切合自己的经历，句句戳着自己的痛处："这小的和我则一般：当日用着他时便做儿，今日有了儿就不要他做儿。"他立刻判明此案义子胜诉，李大户败诉，传令："将那老子与我打着者！"

李存孝如此迅疾的情感反应，邓夫人一一看得分明："词未尽将他来骂，口未落便拳敦"，当然，她对李存孝为何有这样的情感反应，也是完全理解的，那就是与李克用所作所为自然产生的类比联想。

这种类比联想，从中国古代诗歌的艺术传统来说，就是从《诗经》发端，经屈原《离骚》得以丰富发展的比兴。朱自清《诗言志辨》说，中国古代诗歌的比体有四种：以物比人，以仙比俗，以古比今，以男女比君臣。《哭存孝》这里所用的穿插，既有调节戏剧节奏、增强生活气息的作用，又有触类旁通、比喻象征的意义，其作用相当于诗歌中的比兴，但就分类而言，又不包含在上述四种比体之中，而应当称为以人比己，以当下之人比当下之己，以人之心比己之心，因而更有触景生情、感同身受之妙。这不仅是戏曲情节构思、戏曲人物心理描绘的神来之笔，甚至可以称为关汉卿对古代诗歌比兴传统的一种创新和发展。关汉卿艺术上的这种创造性，真正是令人惊叹的。

（赵山林）

状元堂陈母教子 第一折

原文

〔仙吕·点降唇〕我为甚每夜烧香？博一个子孙兴旺。天将傍，非是我夸强，我则待将《礼记》《诗》《书》讲。

〔混江龙〕才能谦让祖先贤，承教化，立三纲，禀仁义礼智，习恭俭温良。定万代规模遵孔圣，论一生学业好文章。《周易》道谦谦君子，后天教起此文章。《毛诗》云《国风》《雅》《颂》，《关雎》云大道洋洋。《春秋》说素常之德，访尧舜夏禹商汤。《周礼》行儒风典雅，正衣冠环佩锵锵。《中庸》作明乎天理，性与道万代传扬。《大学》功在明明德，能齐家治国安邦。《论语》是圣贤作谱，《礼记》善问答行藏。《孟子》养浩然之气，传正道暗助王纲。学儒业，守灯窗，望一举，把名扬。袍袖惹桂花香，琼林宴饮霞觞，亲夺的状元郎，威凛凛，志昂昂，则他那一身荣显可便万人知，抵多少五陵豪气三千丈！有一日腰金衣紫，休忘了那琴剑书箱。

〔油葫芦〕俺孩儿一举登科赴选场。则是你那学艺广，把群儒一扫尽伏降。您端的似鲲鹏得志秋云长，您端的似鱼龙变化春雷响。则是你才艺高，学艺广，可正是禹门三月桃花浪，俺孩儿他平夺得一个状元郎！

〔天下乐〕则他那马头前朱衣列两行，着人谈扬，在这满四方。可正是灵椿老尽丹桂芳，您可也不辱没你爷，您可也不辱没你娘，你正是男儿当自强。

〔醉扶归〕则要你聚萤火，临书幌；积瑞雪，映寒窗。你昆仲谦和礼正当，伊是兄弟，他是兄长。不争着你个陈良佐先登了举场，着人道我将你个最小的儿偏向。

〔金盏儿〕兀的不欢喜煞老尊堂，吵闹了众街坊。俺家里无三年，两个儿一齐的登了金榜。俺家里状元堂上一双双，一个学李太白高才调，一个似杜工部好文章；一个是擎天白玉柱，一个是架海紫金梁。

〔后庭花〕今日个成就了俺儿一双，胜得了黄金千万两；且休说金玉重重贵，则愿的俺儿孙每个个强。您常好是不寻常，您娘便非干偏向，人前面硬主张。您心中自忖量，亲兄弟别气象，则要您显志强。

〔柳叶儿〕他终则是寒门卿相，正青春血气方刚，拥虹霓气吐三千丈。孩儿每休夸强，意休慌，他则是放着你那紫绶金章。

〔尾声〕你频频的把旧书来温，款款将新诗讲，不要你夸谈主张。我说的言词有些老混忘。后院中花木芬芳，俺住兰堂，有魏紫姚黄，指着这一种名花做个比方：不要你做第三名衬榜，休教我倚门儿专望，则要俺那状元红开彻状元堂。

鉴赏

《状元堂陈母教子》讲述了宋代冯氏严于教子，盖状元堂令其子苦读，三子先后皆中状元的故事。此等美事可谓具备了天时地利人和：从外因看，其时朝廷开科选士，重招才纳贤，改每三年为每年开放一次举场；陈母训子攻书，教导有方；从内因看，三子或勤勉不倦，或才华横溢，均为成材织就了缘由。在第一折中，陈家长子陈良资、次子陈良叟先后折桂，金榜题名，陈母喜出望外，道出内心想法，以孔孟之道继续勉励二子，并对三子陈良佐寄予重望。陈良佐恃才傲物，自认为其文章高似二位兄长，不愿行礼回礼。大哥陈良资高中状元之后，陈良佐欲争二哥之先，在次年进京赶考。陈母以不可为外人道其偏心幼子，而令二子陈良叟率先参加科举。二子高中后，陈良佐终于踏上应举行程。

陈母的家训遵儒家经典，教育三子要“承教化，立三纲，禀‘仁义礼智’，习‘恭俭温良’”，在学业文章上下功夫。陈母分别强调了《周易》《毛诗》《春秋》《周礼》《中庸》《论语》《礼记》《孟子》等经典篇目的要义，道出学习儒业和取得功名的重要性。冯氏（陈母）夫主为汉相陈平之后，她对诸多典籍有所知晓，不足为奇。从陈母的话中我们能够看到，在其家教思想中，个人的学习、功名与治国平天下的报效国家意识是统一的。在陈母的这番话中，无论是《周易》的“谦谦君子”之道还是《周礼》的儒风典雅之行，其核心都是“礼”，以及与此相关的“德”“浩然之气”等。陈氏三子的学习，更重要的是作为社会的一部分，如何修身、齐家、安邦，寻求人与社会的“中和”关系，个人的价值通过社会的伦理道德体系得以体现，这与下文的情节发展和人物刻画可谓是一脉相承的。陈良佐虽天赋才情，但因不合“礼”，始终是要为此付出代价的。这能够从中看出对儒家思想的肯定。

陈母得知长子陈良资成为状元郎的消息后，颇为惊喜，同时赞许了他这些年寒窗苦读的努力，既为家族争光，也践行了孔孟之道。在决定第二年哪个孩儿该应举之时，陈良佐凭借其文章之才，欲先于二哥赶考。不料遭到了陈母的反对。儒家思想重视长幼有序，这也是合乎“礼”的一个方面。

第二年，陈良叟不负众望，同样也高中状元。如此一来，兄弟二人皆上了金榜。陈母自是欣喜，认为家族声名远扬更胜荣华富贵，可谓是家门之善。这时，当初陈母盖状元堂的初衷，倒似是完成了一大半："一个学李太白高才调，一个似杜工部好文章。一个是擎天白玉柱，一个是架海紫金梁。"长子和次子双双中状元，以"诗仙"李白和"诗圣"杜甫作比，形容了二人的才华出众。李白才情卓越，在艺术上汪洋恣肆；杜甫精于格律，文辞谨严。这恰恰指出了兄弟二人既是天赋异禀，又是孜孜以求。而"擎天白玉柱"和"架海紫金梁"的譬喻，更是形象地预示着两人的前途无量和栋梁之材。此处更多是表现陈母的心情，是含辛茹苦、悉心栽培后的宽慰。

第三年，在家人尤其是陈母的劝说下，陈良佐终于决定应举。辞别时，陈良佐依旧以文章之高而不愿拜两位兄长。同时，他对母亲说了颇有气概的言论，承诺必得官归来。陈母并不轻信良佐之言，而是规劝其好好温书，不要夸谈。陈母不愿他做第三名衬榜，可视为下文情节的一个铺垫。"要俺那状元红开彻状元堂"寄托了陈母的深切希望，同时也为陈家能否成就一门状元设下悬念。悬念在不少戏曲作品中发挥着重要的作用，尤其表现在推动情节发展和完善叙事结构两个方面。第一折通常为"起"的部分，为了使得情节不至于落入平铺直叙、寡淡无味的窠臼，这个悬念与其说是结果的不定，倒不如说是为"转"与"合"的部分提供了可能。

本剧讲述的教子故事，除了主要刻画了陈母的形象外，对三子陈良佐的着墨是最多的。因而在第一折中，陈母耐心训子、尊崇礼教的形象逐渐清晰，陈良佐恃才傲物、年少轻狂的个性也得到了塑造。第一折为全剧结构中"起"的部分,交代了陈家已成就了两个状元,引出陈良佐应举过程的"承"这一部分,为"招状元婿,羞探花郎"的"转"和"终得状元""再训三子"的"再转"两部分做了准备。最终以"寇莱公加官赐赏"作为全剧"合"的部分。从叙事结构上看,第一折主次分明,线索清晰。对于长子和次子折桂的描述,多侧面烘托,渗透了陈母和陈良佐的人物形象塑造与情节伏笔。在本剧隐含的主题和作者关汉卿思想方面,我们能够在一定程度上窥探他对儒家思想的态度以及对功名、经世致用等个人和社会关系方面的评价。与关汉卿的其他作品相比,在本剧第一折中借陈母形象所表达的对儒家的认识,体现了作者在思想上的更多方面,与《感天动地窦娥冤》《关大王独赴单刀会》《关张双赴西蜀梦》等剧共同构成了其历史观、价值观等层面的一个侧影。

(陈忆澄)

状元堂陈母教子 第三折

原文

〔中吕·粉蝶儿〕人都说孟母三移，今日个陈婆婆更增十倍，教儿孙读孔圣文籍。他将那《孝经》来读《论》《孟》讲，后习《诗》《书》《礼记》；幼小温习，一个个孝当竭力。

〔醉春风〕一个那陈良叟，他可便占了鳌头，则俺这陈良资夺了第一；新招来的女婿，他又是状元郎，俺一家儿倒大来喜、喜。则要你郎舅每峥嵘，弟兄每荣显，托赖着祖宗福力。

〔红绣鞋〕俺这里都是些紫绶金章官位，那里发付你个绿袍槐简的钟馗？你一个探花郎，又比俺这状元低；俺这里笑吟吟的行酒令，稳拍拍的做着筵席，可不道那埚儿发付你？

〔醉高歌〕我可也不和你畅叫扬疾，谁共你磕牙料嘴！我则是倚门儿专等报登科记，知他俺那状元郎在那云里也那是雾里？

〔普天乐〕圪蹬蹬的马儿骑，急颩颩的三檐伞低。

我这里忙呼左右：疾快收拾！他见我便慌下马，他那里躬身立；我见他便展脚舒腰忙施礼。险些儿俺子母每分离！你孝顺似那王祥卧冰，你恰似伯俞泣杖，你胜强如兀那老莱子斑衣。

〔啄木儿煞〕咱人这青春有限不再来，金榜无名誓不归，得志也休把升迁看的容易。古人诗内，则你那文高休笑状元低。

鉴赏

陈良佐进京应举，谁料并未得状元之名，仅为探花。得状元者另有其人，是为王拱辰，后成为陈家之婿。陈母对良佐的应举结果不仅失望，更有怒斥的意味。她欲将陈良佐夫妇赶出家门，拒二人参加她的寿筵。陈良佐在陈母生日时前来拜寿，却遭到了母亲的拒绝。这些情节作为第三折的开头，有一路急转直下的感觉，可视为叙事结构中“转”的部分达到了一个巅峰状态。陈良佐恃才傲物，在应举前更是在母亲和二位兄长前夸下海口，履下承诺，此时其落魄的情状与之前形成鲜明的反差。在中国古代戏曲中，情节的跌宕起伏和峰回路转，往往是通过强烈的反差对比形成的。陈良佐的才情甚高，而一门状元的荣光之事能否得以实现，其重任自然落到了他的身上。正因为荣光之甚，当事情向它相反的方向发展时，即便是常理、常情，在特定的情境中，读者（观众)的期待也会被引导到作者意欲为之的思路之中。

本折在呈现儒家思想的时候,仍旧使用了正面陈述和侧面衬托两种方式。同第一折陈母谈及孔孟经典一般,“人都说孟母三移,今日个陈婆婆更增十倍,教儿孙读孔圣文籍。他将那《孝经》来读《论》《孟》讲,后习《诗》《书》《礼记》;幼小温习,一个个孝当竭力。”此处借用了孟母三迁的典故,形容了陈母潜心教子所付出的努力。而在罗列的经典典籍中,次序也是有讲究的。陈母先教《孝经》,将“孝”作为个人成长中的首课。这当属正面陈述。而陈良佐辜负了母亲的悉心栽培和殷切期望,即为不孝。而《论语》《礼记》等典籍则是更高的要求。这种人物的具体表现和正面陈述形成的对应关系,即为侧面的衬托。无论关汉卿本人所持的儒学观如何,至少在这些方面折射出作者在思想层面的认识和态度。如今我们说这样的杂剧承担了社会教化的功能,即便只是一种客观的结果,但文本中的这些细节的确构成了我们揣测作者想法的依据。

陈母对良佐未高中状元表达训责和不满,首先是通过对良资和良叟的肯定开始的。“弟兄每荣显,托赖着祖宗福力。”她重视家门的荣誉,并将陈家祖宗的庇荫看作是长子和次子蟾宫折桂的重要因素,这是符合传统的儒家观念的。而陈母在其寿筵上所行的必带“状元郎”的酒令,与其说是宣泄不满,数落良佐,倒不如说是在训诫和激励。“俺这里都是些紫绶金章官位,那里发付你个绿袍槐简的钟馗”一句,将陈良佐比作钟馗,与状元们紫绶金章的形象形成鲜明的反差,颇具讽刺效果。从下文“我可也不和你畅叫扬疾,谁共你磕牙料嘴! 我则是倚门儿专等报登科记,知他俺那状元郎在那云里也那是雾里?”可以看出,陈母是希望通过拒绝良佐入筵席和开展训教式的酒令,让他痛改浮夸的习气,踏实温书,复又应举,实现当初的许诺。陈良佐所呈现出的傲慢、天真和浮夸,以及在首次应举后受到的训斥等,是在为塑造剧中丑角服务,其中不少言语带有插科打诨的性质。在第二折中,陈良佐未得状元,街坊有人言语陈母。陈母责问良佐,他的辩解振振有词却略显荒唐,甚至有些可笑,起到了娱乐观众的作用。良佐那句"我的文章高似你"在本折中亦有出现,仍旧在兄长面前表现出傲气。这除了塑造人物形象之外,对于角色的塑造作用也是不容忽视的。

陈良佐的第二次应举,终于高中状元归来。"圪蹬蹬的马儿骑,急飐飐的三檐伞低"一句生动地表现了带着喜讯归家的情景。这样的细腻描绘,不仅具有画面感,似眼前真实所见一般,而且并非是直接对人物对话或是心理的机械呈现。

在叙事结构进入"转"的部分,并没有就此走向"合",而是出现了陈良佐私受孩儿锦一事,剧情一度"再转"。陈良佐本以为接受父老所赠锦缎交于母亲制衣为尽孝,不料母亲怒斥其私受民财,欲痛打教训,告诫他不可再有此等行为。寇准前来,成为由"再转"向"合"的过渡。

本折收尾处的《啄木儿煞》一曲值得推敲:"咱人这青春有限不再来,金榜无名誓不归,得志也休把升迁看的容易。古人诗内,则你那文高休笑状元低。"这段话的告诫显得更冷静,少了一分求全责备,多了一分耐心劝导。与之前的教子心切不同,这段话环环相扣,层层递进。陈母首先让良佐明白青春短暂、时光易逝的道理,然后讲明了状元的头衔并非是最终目标,而只是一个开始。进而指出升迁不易,为官之途还是路漫漫其修远兮。最后,再次提醒了良佐不得过于轻狂。在本剧中,“教子”始终是主线,所有的情节都是围绕这一主线展开的。虽然涉及陈良佐的篇幅较长,其人物形象也令人印象深刻,但是,在叙事层面的关键地带,几乎都是以“教子”来串联的。此处作为第三折的结尾,起到了从陈良佐受孩儿锦一事的“再转”,引出寇准奉旨加官赐赏的“合”。这些刻画陈母教子细节的部分,实为全剧的核心所在。

本折在喜剧类型上的归属上同样能见出端倪。在陈母寿筵上所行的酒令,一人要四句气概的诗,押着“状元郎”三个字;有“状元郎”的便饮酒,无“状元郎”的罚凉水。此处占据了本折较大的篇幅。陈良资、陈良叟、王拱辰均为状元,一个助兴的酒令游戏也成了陈母训子的有力武器。这一段句式整齐,行文显得有气势,也充满了喜剧意味。

(陈忆澄)

状元堂陈母教子 第四折

原文

〔双调·新水令〕虽不曾坐香车乘宝马袅丝鞭，我在这轿儿上倒大来稳便。前后何曾侧，左右不曾偏。显的您等辈齐肩，将名姓注翰林院。

〔水仙子〕学的他那有仁有义孝连天，使了我那无岸无边学课钱；甘心儿抬的我亲朝见，尚兀自我身躯儿有些困倦。把不住眼晕头旋，不觉的抬着兜轿，虽不曾跨着骏骓，尚兀自报答不的我乳哺三年！

〔沽美酒〕着他每按月家情着俸钱，谁着他无明夜攒家缘？俺家里祖上为官累受宣，我则怕枉教人作念，俺一家儿得安然。

〔太平令〕他将那孩儿锦亲身托献，这的是苦百姓赤手空拳。我依家法亲责当面，我着他免受那官司刑宪。与了俺俸钱骤迁，圣恩可便可怜，博一个万万古名扬谈羡。

鉴赏

本折为本剧结构中“合”的部分。陈良佐因私受孩儿锦后，受到陈母重罚。宰相寇准听闻陈家一门状元之事，代表圣上前去陈家加官赐赏。陈良佐为汉相陈平之后，其父曾为前朝相国，即为名门之后。其次，陈良佐高中状元。最重要的一点是，母亲冯氏大贤，治家有法，教子有方，陈家三子一婿皆为状元郎。从这里能够看出，作者对入仕为官的家族出身，还是持较为保守的观点的。与表现社会底层的部分杂剧不同，在以儒家思想为核心的本剧中，表现的对象既不是当朝的帝王将相，也不是出身布衣的寒苦之家。

陈母同家中四名状元一道前往拜谒寇准，细腻地表现了陈母的心理。“虽不曾坐香车乘宝马袅丝鞭，我在这轿儿上倒大来稳便。前后何曾侧，左右不曾偏。”这与前三折中，对待他们一视同仁、不可心有所偏是一致的。与其说她对过程没有偏袒，倒不如说她对结果的期待是唯一的。在元杂剧中，不少对事物、行为情状的摹写都具有一定的指代或比喻意义，即言外之意。这种中国古典文学的传统在戏曲中得到了保存和发展。

“无岸无边学课钱”“乳哺三年”，是陈母含辛茹苦的写照。本剧突出“教子”，是具有层递性的。第一层是状元的要求，光耀门楣，不负家庭之厚望，亦能为国献力，行君臣之礼。第二层则是德与礼的要求。陈母教训陈良佐，所谓“先受民财，辱没先祖，依法教训咱”，说明了私受民财的行为不仅有辱家族声誉，更是一种违犯朝纲的举动。这里的“法”，事实主要指的是儒家的德与礼在朝廷层面的具体规则。儒家所强调的个人、家庭、国家、社会的关系，在本剧中得到了生动阐释。这种教化功能的实现有别于其他的体裁，是更潜移默化的。从受众角度看，认知的门槛更低，也更易于接受。“俺家里祖上为官累受宣，我则怕枉教人作念，俺一家儿得安然”同样也遵循了这一点。家庭、家族、为官、声名、礼法、义务，在本折中统统都不是孤立的，而是成为在儒家思想体系当中的有机组成部分，以叙事的方式达成论述的目的。

关于陈母对陈良佐的责罚，是因为他违背了儒家的礼、德，毁坏家族声誉，愧对朝廷和百姓：“他将那孩儿锦亲身托献，这的是苦百姓赤手空拳。我依家法亲责当面，我着他免受那官司刑宪。与了俺俸钱骤迁，圣恩可便可怜，博一个万万古名扬谈羡。”从这里可以看出，陈母对陈良佐的重罚，无论是由于有负圣恩，还是生怕遭来骂名，都恰恰是为了规避孩儿受官司的风险。从另一个角度说，本剧核心在于“教子”，而陈母的根据则是儒家传统思想，因而也是一种切题的表现。

王国维说关汉卿杂剧“曲尽人情”“字字本色”，在本剧中有所体现。陈母教子的故事用语并不晦涩，场景多为生活情境的转换。即便是隐喻和打比方，也多为形象化的说法，明白晓畅。而本剧的“起”“承”“转”“再转”“合”的结构，跌宕起伏，却始终围绕“教子”这一母题，从不同侧面刻画了人物形象，并不显得扁平，因而不会产生说教的疑虑。

（陈忆澄）

关张双赴西蜀梦 第一折

原文

〔仙吕·点绛唇〕织履编席，能勾做大蜀皇帝，非容易。官里旦暮朝夕，闷似三江水。

〔混江龙〕唤了声关、张二弟，无言低首双垂；一会家眼前活见，一会家口内掂提。急煎煎御手频搥飞凤椅，扑籁籁痛泪常淹衮龙衣。每日家独上龙楼上，望荆州感叹，阆州伤悲。

〔油葫芦〕每日家作念煞关云长、张翼德，委得俺宣限急。西川途路受尽驱驰，每日知他过几重深山谷，不曾行十里平田地。恨征驼四只蹄，不这般插翅般疾；踊虎躯纵彻黄金镫，果然道心急马行迟。

〔天下乐〕紧跐定葵花镫，趯鞭催走似飞坠的双镝，此腿脡无气力。换马处侧一会儿身，行行里吃一口儿食，无明夜，不住地。

〔醉扶归〕若到荆州内，半米儿不宜迟，发送的关云长向北归。然后向阆州路上转驰驿，把关张分付在君王手里，教它龙虎风云会。

〔金盏儿〕关将军但相持，无一个敢欺敌。素衣匹马单刀会，觑敌军如儿戏，不若土和泥。杀曹仁十万军，刺颜良万丈威。今日被一个人将你算，畅则为你大胆上落便宜。

〔醉扶归〕义赦了严颜罪，鞭打的督邮死，当阳桥喝回个曹孟德。倒大个张车骑，今日被人死羊儿般剁了首级，全不见石亭驿！

〔金盏儿〕俺马上不曾离，谁敢松动满身衣？恰离朝两个月零十日，劳而无役枉驱驰！一个鞭挑魂魄去，一个人和的哭声回。宣的个孝堂里关美髯，纸幡上汉张飞。

〔尾〕杀的那东吴家死尸骸堰住江心水，下溜头淋流着血汁。我交的茸茸蓑衣浑染的赤，变做了通红狮子毛衣。杀的它敢血淋漓，交吴越托推，一霎儿翻为做太湖石。青鸦鸦岸儿，黄壤壤田地，马蹄儿踏做搗椒泥。

鉴赏

《关张双赴西蜀梦》是关汉卿较为早期的杂剧创作，主要情节为关羽、张飞死后，魂魄飞赴西蜀，托梦给刘备、诸葛亮，叙说心中怨愤，请求为他们复仇。该剧现仅存元刊本，科白阙失。

关羽、张飞托梦给刘备之事，在元代以前的史籍记载中并不多见。晚唐李商隐《无题》诗中曾有“益德冤魂终报主”一句，但语意过于凝练，难以考知详情。元代平话《三分事略》《全相平话三国志》中均无相应叙述，至明初罗贯中《三国志通俗演义》中，出现了关羽魂归西川托梦于刘备，要求为他复仇，以及刘备死前眼见关羽、张飞魂魄的情节，但为时已远在《关张双赴西蜀梦》之后。应该说，该剧的情节在很大程度上有赖于关汉卿雄奇壮阔的艺术再创作。虽然关、张托梦于史不合，但基于史述中刘、关、张三人“恩若兄弟”亲密关系，关汉卿展开大胆的虚构，让关羽、张飞的冤魂向刘备诉说出满腔的怨愤仇恨，淋漓尽致地抒发出英雄未酬壮志的沉痛、遗憾和强烈的复仇之情，从艺术效果来言，该剧不重叙事，悲壮凄烈的抒情色彩是其最大特点。

第一折曲文为西蜀使臣所唱，情节为刘备思念关羽、张飞，派使臣赶赴荆州、阆州将他二人召回，使臣在路途中得知关羽被糜芳、士仁出卖，张飞被张达刺杀，只能用纸旛将他们的魂魄招回西川。开首〔点绛唇〕〔混江龙〕二曲借使臣之口描述刘备在宫中思念关羽、张飞的情景，刻画出刘备身在蜀国宫中，无时无刻不将关、张二人挂念在心，从一开始就将读者和观众带入低回感伤的戏剧情境之中。

第三至五曲〔油葫芦〕〔天下乐〕〔醉扶归〕讲述使臣受命从西川出发，日夜兼程赶往荆州、阆州宣召关、张二人。这一折尽管由使臣主唱，但使臣描写是虚，刻画刘备对关、张的深切思念是实。

使臣一路急催征马，日夜兼程，却仍然嫌马跑得太慢。使臣之急切源自刘备的急切，对使臣的恳切心情描写愈繁复，就愈发折射出刘备下令之迫切，思念之深刻。“紧趾定葵花镫，踅鞭催”，这句描写使臣紧踩马镫、快挥马鞭，一路疾驰向荆州、阆州赶去。在换马之时才能侧身假寐一会儿，马马虎虎补充些食物，无日无夜不停赶路，只是为了尽早将关羽、张飞召回刘备身边，兄弟三人能再度风云际会。

至第七支曲子〔醉扶归〕“倒大个张车骑，今日被人死羊儿般剁了首级”句，显然使臣已获知关羽、张飞双双被害的消息。由于科白不全，不能推断使臣如何得到消息，但关羽丧命、荆州陷落，张飞在阆州被刺的一系列巨变，使臣不必亲到二处，应在途中就获知了消息，后文“俺马上不曾离”也印证了他是在路途上收到关、张的死讯。据《三国志》记载，关羽失落荆州、败死临沮之时为建安二十四年（公元 219 年）。然而，直至刘备称帝后的章武元年（221 年），刘备欲为关羽报仇，大举出兵伐吴，才有张飞“率兵万人，自阆中会江州。临发，其帐下将张达、范强杀飞，持其首，顺流而奔孙权”，由此可知，刘备先知关羽败亡，间隔两年后再获张飞死讯。而在该剧中，关汉卿将关、张的身亡处理为几乎同时的先后之间，对史实做出大刀阔斧的改动，尽管不合实情，但从戏剧效果角度而言，却营造出极其浓重强烈的悲剧氛围。从曲辞来看，〔金盏儿〕和〔醉扶归〕结构一致，都先描述关羽或张飞善战勇猛的英勇事迹，关羽的单刀赴会、水淹七军、斩杀颜良与张飞的义释严颜、鞭打督邮、喝断当阳桥，都是他们戎马生涯中最为辉煌绚烂的时刻，然后曲文立即急转直下，从辉煌的巅峰瞬间坠入死亡的阴影之中，关羽的败走麦城，张飞被刺身首异处，极大的落差愈发让人为两位名将的陨落而痛心伤怀。

末尾的两支曲子〔金盏儿〕〔尾〕讲述使臣尚在马上，面对关羽、张飞的死讯，悲痛又愤恨的激烈情绪。尤其在〔尾〕的收煞中，表达出对东吴仇敌的刻骨痛恨。“杀的那东吴家死尸骸堰住江心水，下溜头淋流着血汁”，得知消息的使臣无疑是急痛难当，满腔仇恨，必须找到出口加以释放，此时他并没有一味沉浸在哀伤之中，而是立即将情绪转向对东吴复仇的设想——血仇国恨必须通过激烈的报复手段来进行伸张，要将东吴将士杀尽，尸骸堆积于长江河道内，阻塞住汤汤洪流，鲜血代替江水向下游流淌。“茸茸蓑衣浑染的赤，变做了通红狮子毛衣”，通过进一步假想复仇时的血腥战斗场面来激发斗志、缓释眼下的悲伤。“一霎儿翻为做太湖石”，“太湖石”借喻东吴兵士被杀死后躯体僵硬如石。区区一介使臣面对关羽、张飞的死讯尚且能有如此慷慨悲壮之辞，可以想知刘备、诸葛亮得到此消息后，伤痛之情必定数百倍于使臣，胸中的激愤愁情远非言语能够形容殆尽。因此，开篇不写刘备、诸葛亮，却以使臣之情来投影其身后的西川之主，实写使臣却是虚指，刘备不曾出场却是作者着力坐实的对象，这是关汉卿创作中的一大妙笔，有着“四两拨千斤”的奇巧艺术效果。纵观整折戏，使臣好比是烛火前舞手蹈足的人偶，在剧中，观众与读者看到的是他的一言一行，一举一动，同时也不应忘记在烛光照射之下，使臣背后的巨大阴影，那是刘备、诸葛亮，以及整个西蜀的举国哀痛。末三句“青鸦鸦岸儿，黄壤壤田地，马蹄儿踏做捣椒泥”，描写使臣急转码头赶回蜀地报信，马蹄疾驰之中饱含着痛切的心情，同时也为下一折的开启作了不动声色的铺垫，整剧将转入更为深沉浓烈的篇章。

（袁玉冰）

关张双赴西蜀梦 第二折

原文

〔南吕·一枝花〕早晨间占《易》理，夜后观乾象。据贼星增焰彩，将星短光芒，朝野内度星正俺南边上，白虹贯日光，低首参详，怎有这场景象？

〔梁州〕单注着东吴国一员骁将，砍折俺西蜀家两条金梁。这一场苦痛谁承望？再靠谁挟人捉将？再靠谁展土开疆？做宰相几曾做卿相？做君王哪个做君王？布衣间昆仲心肠。再不看官渡口剑刺颜良，古城下刀诛蔡阳，石亭驿手捽袁襄！殿上帝王，行思坐想，正南下望，知祸起自天降。宣到我朝下若问当，着甚话声扬！

〔隔尾〕这南阳耕叟村诸亮，辅佐着洪福齐天蜀帝王，一自为臣不曾把君诳。这场勾当，不由我索向君王行酟醷个谎。

〔牧羊关〕张达那贼禽兽，有甚早难近傍？不走了糜竺糜芳！咱西蜀家威风，俺敢将东吴家灭相。我直交金鼓震倾人胆，土雨溅的日无光，马蹄儿踏碎金陵府，鞭梢儿蘸干扬子江。

〔贺新郎〕官里行行坐坐则是关张，常则是挑在舌尖，不离了心上。每日家作念的如心痒，没日不心劳意攘，常则是心绪悲伤。白昼间频作念，到晚后越思量。方信道梦是心头想，但合眼早逢着翼德，才做梦可早见云长。

〔牧羊关〕板筑的商傅说，钓鱼儿的姜吕望，这两个梦善感动历代君王。这梦先应先知，臣则是误打误撞。蝴蝶迷庄子，宋玉赴高唐。世事云千变，浮生梦一场。

〔收尾〕不能够侵天松柏长千丈，则落的盖世功名纸半张！关将军美形状，张将军猛势况，再何时得相访？英雄归九泉壤，则落的河边堤土坡上钉下个缆桩。坐着条担杖，则落的村酒渔樵话儿讲。

鉴赏

《关张双赴西蜀梦》四折，简称《双赴梦》或《西蜀梦》，是关汉卿的早期剧作。全剧一悲到底，惋惜、愤懑、遗恨之情贯彻始终，是一部以历史故事为题材的复仇型抒情悲剧，描述了关羽、张飞遇害之后英魂分别从荆州和阆州前往西蜀与刘备相聚之事，与关汉卿另一部三国故事杂剧《单刀会》剧情有着密切联系。

第一折主要介绍了刘备对关羽、张飞二位兄弟的思念。第二折主要叙述了诸葛亮预料到关张二人已经遇害，同时又怕刘备伤心忧惧，就先瞒着刘备，说因为他经常想念关张二弟，所以才会合眼就梦见二人。此折斗争的焦点是西蜀栋梁关羽张飞双亡、荆州失守和杀害他们的叛贼之间的冲突。无科白，仅有曲词，以诸葛亮情绪的激荡构成了戏剧形象内部的剧烈冲突。关汉卿并不着力于人物之间的直接冲突，使得剧情貌似平淡却又扣人心弦。同时，关汉卿是金元时期的汉人，本剧的情节与南宋王朝内部主战的民族英雄和卖国投降的奸臣之间的斗争有着某种内在联系，这足以唤起广大人民爱戴民族英雄、反抗卖国奸臣这种思想感情的共鸣。剧中表现的尊蜀为正统、歌颂英雄的复仇精神和抨击叛徒的思想倾向，是符合当时人民斗争愿望的，在异族统治者残酷压迫汉族人民的具体历史环境中，有着十分突出的现实意义。

诸葛亮早晨占卜《周易》，夜晚观测天象，发现东吴星光增彩，而蜀国的将星暗淡无光。朝廷内外上下思量，蜀国南边一道长虹穿日而过，低头仔细琢磨，怎么会有这种迹象？可见诸葛亮通过占易观象已预料到西蜀两员大将的夭折。作者运用伏笔、铺垫的结构手法，通过贼星、将星的对比和白虹贯日凶相的描述，营造了阴森消极的肃杀气氛，暗示了关羽、张飞遇害是有前兆和天象的，为下文埋下了伏笔，同时也为之后的剧情发展做了铺垫。

偏居巴蜀的刘备麾下将领本就不多，武将不过关、张、赵、马、黄等人。其中关羽为前将军，张飞为车骑将军，是蜀汉政权的两个支柱，可谓真正的“架海金梁”。此时关张二人先后殒折，对西蜀来说,惨重的损失是不言而喻的。当宰相的何曾当过卿相,做君王的哪个又做过君王?都是普通百姓间的兄弟之情。指出了刘关张三人之间的关系,不管是做君王,还是做卿相,都不能忘记手足之情。以后再也看不到关云长在官渡剑刺颜良、在古城计斩蔡阳,张翼德在石亭驿手捽袁襄。“剑刺颜良”“刀诛蔡阳”“手捽袁襄”等事迹,关汉卿继承了流传的三国故事的说法,尤其是首见于元代《三国志平话》的“捽袁襄”故事。殿上的刘备,时刻在思念着,往正南方望去,知道将会有灾祸从天而降。就在此时,刘备宣诸葛亮入朝问话,诸葛亮该怎么说呢?

诸葛亮念及刘备与关张二人之间的手足之情,若如实上报,刘备一定会忍不住心头之恨,誓举倾国之力来为关张报仇,而此举对蜀国不利,因此诸葛亮寻思先瞒着刘备,待有适当的机会再向刘备报告东吴的这场勾当和关张之死。

糜竺深得刘备信任,但其弟糜芳却怀有二心,叛迎孙权,致使关羽覆败。糜竺愧疚至极,岁余便卒。虽然糜竺并不是糜芳一党,而且刘备也宽慰糜竺“兄弟罪不相及”,但关汉卿还是把糜竺和糜芳列在一起,暗含春秋笔法,认为糜竺也是有责任的。关汉卿对诸葛亮愤怒的描写和渲染是有充分依据的。东吴此举使得诸葛亮的战略宏图遭受了致命打击,统一中原几乎无望,因此诸葛亮对蜀国的前途充满了担心和忧虑。

刘备的一举一动都是关张二弟,常常是挂在嘴上,未曾离开心头。每天思念得心绪缭乱,没有一天不心慌意乱,常常是心情悲痛忧伤。白天里频频思念,到了晚上愈加想念。这才知道梦是心中所想:只要闭目就能够遇到张翼德,一做梦就可以见到关云长。

殷商时期辅佐武丁中兴的傅说原本是在傅岩做版筑苦役的奴隶，武丁在梦中与其际会，梦醒后托大臣找到傅说，举以为相，国势再兴。典出《孟子·告子下》和《尚书正义》。商末周初，周文王出外狩猎前占卜，将“获霸王之辅”，果然于渭水之滨遇到了垂钓于此的将辅佐周文王、周武王灭商的姜太公吕望，文王拜太公为国师，为兴周灭商建功立业。典出《史记·齐太公世家》。这两个梦容易感动历代的君王，但都是事先应验、早先知道的。诸葛亮并不是像殷商时期的武丁梦到傅说、周文王卜到姜子牙一样经过周密考虑，而是碰巧胡猜乱想，预料到了关张二人被害。蝴蝶迷恋庄周，宋玉游赴高唐。引用庄周梦蝶和宋玉高唐两个典故，衬托出好像做了一场梦，一切都是虚无的。庄周梦蝶，典出《庄子·齐物论》，借指迷幻的梦境和变幻无常的事物。宋玉赴高唐，典出宋玉《高唐赋》。世上的事千变万化，人生在世虚浮不定，生死祸福最终不过是浮生一梦。诸葛亮的话语充满哲理，令人若有所悟。虚实结合，更映衬出诸葛亮茫然失望的伤感情绪，以及对关张之死的不愿接受和痛苦惋惜之情。

诸葛亮苦痛之余，产生了一种心理上的空虚感。关云长形象美观，张翼德架势威猛，以后什么时候才能再寻访？英雄已经西归黄泉之下！则落得在河边的堤坝土坡上钉下个缆船的木桩，坐着一条扁担，村里酒家的渔夫和樵夫在讲关张二人的故事。〔收尾〕对关羽“美形状”和张飞“猛势况”的外貌描写，抓住了二人的形态和特点，颇为生动传神。

此折为南吕宫，风格基调感叹伤悲，以诸葛亮为主角（正末），通过演唱七支曲子，强烈表达了对关张二人的思念、惋惜以及对东吴的怨恨。而且，名为“关张双赴西蜀梦”，通篇却不见关张二人，作者运用侧面描写的方式，烘托出关张二人的冤和恨。既突出了刘备与诸葛亮、关张之间的亲密关系，又为下文关张双双入梦作引子。作者通过关羽和张飞生前所向无敌的威武豪情与死后悲凉凄切的感伤之情的对照，使悲剧气氛更显浓烈，同时还表现出强烈的复仇意识，使得感伤惋惜与悲愤复仇交汇重叠。

整折情感悲伤，抒情浓烈，重人物而淡情节。通过回忆关张的英雄事迹和二人被小人所害的对比，恰如其分地表达了戏剧人物的心理，极富舞台张力。同时也产生了一种绵绵不尽的凄怆之情，从而唤起观众情感上的共鸣和振奋。曲辞豪放激越，悲怆淋漓，充满了怨愤和悲凉气氛，读来令人感动。

（曹　鑫）

关张双赴西蜀梦 第三折

原文

〔中吕·粉蝶儿〕运去时过，谁承望有这场丧身灾祸？忆当年铁马金戈，自桃园初结义，把尊兄辅佐。共敌军擂鼓鸣锣，谁不怕俺弟兄三个！

〔醉春风〕安喜县把督邮鞭，当阳桥将曹操喝，共吕温侯配战九十合，那其间也是我，我！壮志消磨，暮年折挫，今日向匹夫行伏落。

〔红绣鞋〕九尺躯阴云里偌大，三缕髯把玉带垂过，正是俺荆州里的二哥哥。咱是阴鬼，怎敢见他？諕的我向阴云中无处躲。

〔迎仙客〕居在人间世，则合把路上经过，向阴云中步行因甚么？往常爪关西把他围绕合，今日小校无多，一部从十余个。

〔石榴花〕往常开怀常是笑呵呵，绛云也似丹脸若频婆；今日卧蚕眉瞅定面没罗，却是为何，雨泪如梭？割舍了向前先搀过，见咱呵恐怕收罗。行行里恐惧明闻破，省可里倒把虎躯挪。

〔斗鹌鹑〕哥哥道你是阴魂，兄弟是甚么？用舍行藏，尽言始末：则为帐下张达那厮厮嗔喝，兄弟性更似火，我本意待侑他，谁想他兴心坏我！

〔上小楼〕则为咱当年勇过，将人折挫，石亭驿上袁襄怎生结末？恼犯我，拿住他，天灵摔破，亏图了他怎生饶过！

〔幺〕哥哥你自喑约，这事非小可。投至的曹操、孙权，鼎足三分，社稷山河。筋厮锁，俺三个，同行同坐，怎先亡了咱弟兄两个？

〔哨遍〕提起来把荆州摔破，争奈小兄弟也向壕中卧！云雾里自评薄，刘封那厮于礼如何？把那厮碎剐割！糜芳、糜竺，帐下张达，显见的东吴躲。先惊觉与军师诸葛，后入宫庭托梦与哥哥。军临汉上马嘶风，尸堰满江心血流波。休想逃亡，没处潜藏，怎生的躲？

〔耍孩儿〕西蜀家炁势威风大，助鬼兵全无坎坷。糜芳、糜竺共张达，待奔波怎地奔波？直取了汉上才还国，不杀了贼臣不讲和。若是都拿了，好生的将护，省可里拖磨。

〔三〕君王索怀痛忧，报了仇也快活。除了刘封，槛车里囚着三个。并无喜况敲金镫，有甚心情和凯歌！若是将贼臣破，君王将咱祭奠，也不用道场锣钹。

〔二〕烧残半堆柴，支起九顶镬，把那厮四肢梢一节节钢刀挫，亏图了肠肚鸡鸦啄，数算了肥膏猛虎拖。咱可灵位上端然坐，也不用僧人持咒，道士宣科。

〔收尾〕也不用香共灯，酒共果，但得那腔子里的热血往空泼，超度了哥哥发奠我！

鉴赏

第三折上场的是张飞和关羽的英魂，叙述关羽、张飞被害之后，张飞的英魂驾着阴云直奔川蜀，一路上回忆生前兄弟三人桃园结义的盟誓以及南征北战的威猛，突然，在阴云中意外遇到二哥关羽的鬼魂，当时并不知道二哥关羽也已经被害，怕阴气袭了二哥，忙向阴云中躲避。关羽看见了张飞，也连忙躲闪。言谈间二人才知俱已被害，于是张飞悲诉自己不幸的遭遇，要关羽和他一起托梦给大哥刘备，起兵报仇，用陷害他们的奸贼的鲜血来超度他们兄弟二人。作者通过写实的方式来表达虚构的场景,使悲剧更加慷慨悲壮,充满了强烈的复仇情绪和人事无常的悲哀。关张鬼魂托梦一事,西晋陈寿《三国志》、元代《三国志平话》都没有关张托梦相关情节,元末明初罗贯中《三国志通俗演义》第七十七回有关羽托梦刘备起兵雪恨之事,第八十五回刘备病危之际有三人梦中相会的简短情节,之后的明成化间说唱词话《花关索传》也有类似情节:“关公见说垂珠泪,屈死兄弟一双人。二人等到黄昏后,托梦哥哥报事因。”

追忆过去,谁能料想到有这场灭身之灾?张飞的鬼魂驾着阴云向西蜀进发,一路上回忆过去之种种经历:想当年兵马雄壮,自从桃园结义以来,一直都辅佐兄长刘备。共同面对敌军击鼓鸣锣、布阵作战,谁不怕俺们兄弟三人!描述了刘关张三人一起作战,声势浩大,令敌军闻风丧胆。

在安喜县怒鞭督邮,在当阳桥震喝曹操,跟吕布势均力敌大战九十回合,那期间也是我,是我!豪壮的志向慢慢消磨殆尽,今天竟然命丧匹夫之手。以过去的英勇和现在的结局的今昔对比、生死相别,反衬出张飞对现实的无能为力和忿恨痛苦,表达了末路英雄的悲壮,使得剧中悲剧气氛达到了顶点。张飞怒鞭督邮,化用了刘备鞭督邮的典故,典出《三国志·蜀书·先主传》。《三国志》记载的是刘备怒鞭督邮,并不是张飞,东晋常璩《华阳国志》中也是同样的记载。元末明初罗贯中《三国演义》大概是吸收了关汉卿的说法,也说是张飞怒鞭督邮,元代朱凯《刘玄德醉走黄鹤楼》第二折也说“俺三叔安喜县鞭督邮”。将鞭打督邮一事移花接木到张飞身上,虽然并不是真实的历史,但却是艺术构思的需要。关汉卿将刘备塑造成一个仁慈的君主,如果按照历史事实,说刘备怒鞭督邮，便不能彰显刘备的义气仁慈和张飞的威猛英武，也不符合杂剧和小说中刘备、张飞二人的性格特征。

〔上小楼〕中张飞回忆了在石亭驿上捽袁襄之事，考元至治刻本《三国志平话》，袁术使子襄诣刘备于徐州，袁襄借酒骂刘备为织席儿，张飞捽而杀之，刘袁失和，盖自此始。此金元时期所传三国故事，明以后人知之者甚罕。关汉卿写张飞鬼气逼人，而道及关羽，则似神明，可知当日于二公已有轩轾。

〔哨遍〕运用了情绪激昂的性格化语言抒发了要求复仇的内心情绪。叙述关羽、张飞遇害之事先是惊觉了军师诸葛亮，之后又入宫给大哥刘备托梦，出兵报仇，大军兵临荆州，战马迎风嘶叫，尸体堆满了江心，鲜血横流，别想逃跑，没处潜逃躲藏，怎么去躲？不杀那三个投敌的贼臣誓不罢休。据西晋陈寿《三国志・蜀书・关张马黄赵传》，出卖关羽的是糜芳、傅士仁，糜竺并不在内，谋害张飞的是张达、范强。元代《三国志平话》则无糜芳、傅士仁事，杀害张飞的是王强、张山、韩斌三人。

此折为中吕，共有十二支曲子，皆张飞英魂所唱，语言豪放激越，悲愤淋漓。而且，作者运用“爪关西”等口语化的语言，更是刚猛率真，生动形象，符合张飞的艺术形象，极具舞台张力。其格调苍凉、造语沉痛，不可卒读。气氛低沉凄惨，能令英雄气短，使悲剧的成分更加浓郁，也为第四折刘备、关羽、张飞人鬼相会埋下铺垫，同时也寄托了作者歌颂英雄建功立业、赞美英雄勇敢无畏、为英雄惨遭不测而悲哀、为英雄含冤被害而鸣不平的思想情感。

过去与现在，人间与阴间，时间上的穿越和空间上的转换，虚实结合，凸显出张飞壮志未酬身先死的悲凉和遗恨。鬼魂故事的愁云惨淡，梦幻之境的虚实真假，使得剧情整体上倾向于阴郁、悲愤与感伤。除了浓重的感伤，还表现出强烈的复仇意识。〔二〕、〔收尾〕等满腔怒火的唱词，直抒胸臆地表达了宁肯不要僧人持咒、道士宣科，也要将仇人剖腹剜心、钢刀剉骨，血腥的宣泄式描述虽然没有将个人恩怨同蜀汉大业相关联，但从中可以聆听到张飞的愤怒与憋屈，以及作者自身感情的发泄。

感伤的情感，浓烈的抒情，重人物淡情节的写作手法，使得《西蜀梦》虽然是关汉卿的早期作品，仍可谓杂剧之上驷。

（曹 鑫）

关张双赴西蜀梦 第四折

原文

〔正宫·端正好〕任劬劳，空生受，死魂儿有国难投！横亡在三个贼臣手，无一个亲人救。

〔滚绣球〕俺哥哥丹凤之目，兄弟虎豹头，中他人机彀，死的来不如个虾蟹泥鳅！我也曾鞭及督邮，俺哥哥诛文丑，暗灭了车胄，虎牢关酣战温侯。咱人三寸气在千般用，一日无常万事休，壮志难酬！

〔倘秀才〕往常真户尉见咱当胸叉手，今日见纸判官趋前退后，元来这做鬼的比阳人不自由！立在丹墀内，不由我泪交流，不见一班儿故友。

〔滚绣球〕那其间正暮秋，九月九，正是帝王的天寿。列丹墀宰相王侯，攘的我奉玉瓯，进御酒，一齐山寿，官里回言道臣宰千秋。往常择满宫彩女在阶基下，今日驾一片愁云在殿角头，痛泪交流！

〔叨叨令〕碧粼粼绿水波纹皱，疏刺刺玉殿香风透。皂朝靴跐不响玻璃甃，白象笏打不响黄金兽。元来咱死了也么哥，咱死了也么哥！耳听银箭和更漏。

〔倘秀才〕官里向龙床上高声问候，臣向灯影内恓惶顿首，躲避着君王，倒退着走。只管里问缘由，欢容儿抖擞。

〔呆骨朵〕终是三十年交契怀着熟，咱心相爱志意相投。绕着二兄长根前，不离了小兄弟左右。一个是急颭颭云间凤，一个是威凛凛山中兽。昏惨惨风内灯，虚飘飘水上沤。

〔倘秀才〕官里身躯在龙楼凤楼，魂魄赴荆州阆州，争知两座砖城换做土丘！天曹不受，地府难收，无一个去就！

〔滚绣球〕官里恨不休，怨不休，更怕俺不知你那勤厚，为甚俺死魂儿全不相偢？叙故由，厮问候，想那说来的前咒，桃园中宰白马乌牛。结交兄长存终始，俺伏侍君王不到头，心绪悠悠！

〔三煞〕来日交诸葛将二愚男将引，叮咛奏，两行泪才那不断头。官里紧紧的相留,怕不待慢慢的等候,怎禁那滴滴铜壶,点点更筹。久停久住,频去频来,添闷添愁!来时节玉蟾出东海,去时节残月下西楼。

〔二〕相逐着古道狂风走,赶定长江雪浪流。痛哭悲凉,少添僝僽。拜辞了龙颜,苦度春秋。今番若不说,后过难来,千则千休!叮咛说透,分明的报冤仇。

〔尾〕饱谙世事慵开口,会尽人间只点头。火速的驱军炫戈矛,驻马向长江雪浪流。活拿住糜芳共糜竺,阆州里张达槛车内囚。杵尖上挑定四颗头,腔子内血向成都闹市里流,强如与俺一千小盏黄封头祭奠酒!

鉴赏

《关张双赴西蜀梦》第一折为使臣主唱,交代关羽、张飞遇害的讯息,第二折由诸葛亮主唱,第三、四折的主唱角色均为张飞。在第三折中,张飞的鬼魂出场,叙述遇害之后的满腔怨愤。在阴云中他见到关羽,却浑然不知关羽已经遇害,而此时张飞眼中的关羽也与平日不同，“卧蚕眉瞅定面没罗”“雨泪如梭”，最后他上前与关羽相认，才得知两人俱已是刀下亡魂。如果说第一、二折通过使臣、诸葛亮的登场为全剧主题进行渲染铺垫，那么在第三折中，关、张二人的鬼魂聚合，就已逐渐跨入全剧的高潮部分。关羽和张飞互诉遇害的经过，痛感壮志未酬，商定一同去往蜀都，托梦刘备，请兄长为他们杀敌复仇。

《关张双赴西蜀梦》全剧依托于一个大胆创设的虚构情境之中，即人死之后仍有鬼魂代其诉说生前未竟之志，形式看似荒诞，但张飞、关羽的阴魂所表达的情感诉求却又是合情合理的。关、张遇害之事，历来使人扼腕痛惜。二人都是撼天动地、盛名远播的猛将。关羽曾屡建战功，挂印封金、灞桥挑袍、过五关斩六将、千里走单骑，创下一身的威名，最后却落得败走麦城死于临沮，收场之黯淡令人无限唏嘘。张飞勇猛过人，曾据水断桥、义释严颜、大破张郃，最后却被麾下将领所谋害。“人生有死，死得其所，夫复何恨”，张飞这样的勇猛战将，不能葬身于沙场，正是“死不得其所”，他的结局比之关羽，似乎更令人难以接受。因此，关汉卿以如椽之笔勾画关羽、张飞的鬼魂形象，通过鬼魂的诉说替他们伸张未竟之志，其中不仅蕴含对英雄之死的伤感悲叹，也在情感上迎合了人们对关、张的同情和痛惜，因此全剧的虚构情境看似荒诞，在情感上却并不失度。关、张之魂的所思、所感、所言与他们生前的个性非常吻合，仿佛他们的生命在这部作品中得到了一次短暂的延续，以此来抚慰人们对英雄的追念哀悼之情，也是《关张双赴西蜀梦》能成为不朽作品的原因之一。因而，《关张双赴西蜀梦》全剧都笼罩着强烈的抒情色彩，欣赏这部作品，也需要更多地从情感角度出发，而不应拘泥于历史实情。

既然是重在抒情的艺术化虚构，剧中一些情节上的硬伤就需要“另眼相看”。比如第一折中使臣在路途上先后获知关羽、张飞的死讯，这与二人之死间隔两年时间的史实并不吻合。又如，张飞是在为关羽报仇的伐吴之战前夕遇害的，第三折中他的鬼魂见到关羽，却认为对方仍是活人，而自己已是一缕阴魂，不敢上前相见，这一想法也显然于理不合。再如剧中提到加害关羽的凶手时，屡次把糜芳、糜竺兄弟并列相提，实则投降孙权、导致关羽败亡者乃是南郡太守糜芳，其兄长糜竺并未参与，且在事后向刘备“面缚请罪”，刘备认为兄弟罪不相及，糜竺并非陷害关羽的元凶，然而剧中却把糜芳、糜竺相提并论，确实犯了史实错误。但如果改换视角，仅从抒情需求出发，这些“错误”或在情感上加强了全剧的感伤氛围，或在语势上起到了一定的增强效果，又因此剧为虚构情节，或许不应多从史实角度加以苛责。

全剧在第四折进入高潮。张飞带着满腔的悲愤来到蜀国宫殿，他一边叙述着兄弟三人平生的辉煌事迹，“我也曾鞭及督邮，俺哥哥诛文丑，暗灭了车胄，虎牢关酣战温侯”，一边走向大殿，“往常真户尉见咱当胸叉手，今日见纸判官趋前退后，元来这做鬼的比阳人不自由”。户尉，指守卫宫门的军官；叉手即拱手。趋前退后，形容张飞欲进又退的犹豫之状。这一番今昔对比，在郑振铎先生的插图本《中国文学史》中曾有论及：“《关张双赴西蜀梦》写张飞的阴魂，来赴旧日的宫廷，而与他的大哥打话时，欲前又却，欲去又留的自己惊觉着自己乃是去前不同的阴灵的情景，真要令人叫绝。”这时的张飞已全无过去的威武气势，他猛然惊觉自己早已失去了生命，只是一缕无声无形的魂魄，而他去到蜀宫的时节，“那其间正暮秋，九月九，正是帝王的天寿。列丹墀宰相王侯，攘的我奉玉瓯，进御酒，一齐山寿”，正是刘备在宫中庆贺寿辰，他却再也不能加入群臣之列，向兄长进酒贺寿，只能“驾一片愁云在殿角头，痛泪交流”，又一番生前死后的对比，读来更令人痛煞心肠。

等到夜晚，张飞来至刘备的寝宫，自〔叨叨令〕至〔尾〕共八支曲子，张飞向就寝的刘备托梦诉说心声。梦中刘备见到关、张二人，“高声问候”、“欢容儿抖擞”，两位臣弟却只“向灯影内恓惶顿首，躲避着君王，倒退着走”，对人鬼殊途的描画入木三分，更添感伤愁绪。曾在桃园中结义的兄弟三人再次梦中相聚，“叙故由，厮问候”，回想结义之日的誓言，对照当下的阴阳相隔，往日勇猛鲁莽的张飞也禁不住“心绪悠悠”。

相聚的时间总是显得异常短暂，“怎禁那滴滴铜壶，点点更筹”，梦中的会晤在天亮之前就要终结。而这一次告别只怕就是永别，张飞向刘备托付了自己的孩子，刘备“紧紧的相留”。这时，话题终于被引向最痛切之处——为关张二人报仇雪恨。“火速的驱军炫戈矛，驻马向长江雪浪流。活拿住糜芳共糜竺，阆州里张达槛车内囚。杵尖上挑定四颗头，腔子内血向成都闹市里流，强如与俺一千小盏黄封头祭奠酒”，这一段话语血性勃发，声气壮阔，张飞、关羽不再停留于踌躇感伤或讶异悲痛，此时此刻，全部的情绪都凝结为对复仇的强烈渴望与呼唤，二人的心声痛快地倾泻而出，语气之激烈，意志之坚定，令人瞠目击节。尤其“杵尖上挑定四颗头，腔子内血向成都闹市里流”一句，以鲜血淋漓、触目惊心的假想来传递他们对仇人的刻骨仇恨，正是壮志未酬、死不瞑目的最真切体现。在关张二人看来，严惩凶犯，大仇得报，“强如与俺一千小盏黄封头祭奠酒”，这一种嫉恶如仇、快意生死的情怀正符合千古名将的身份，铿锵有力的语音也在西蜀一梦中奏响了最强的音符。全剧收尾于此，在感伤之中展现英雄的血性与气节，为历史上关羽、张飞的不幸遇害补上了一段辞情壮阔、深沉感人的悼念篇章。

（袁玉冰）

闺怨佳人拜月亭 第一折

原文

〔油葫芦〕分明是风雨催人辞故国！行一步一叹息，两行愁泪脸边垂。一点雨间一行凄惶泪，一阵风对一声长吁气。嗻，百忙里一步一撒！嗨，索与他一步一提！这一对绣鞋儿分不得帮和底，稠紧紧粘糗糗带着淤泥。

鉴赏

《闺怨佳人拜月亭》今只存元刊本，宾白不全，有些具体情节不易了解，但参阅南戏《拜月亭》（一名《幽闺记》），可知其故事梗概：蒙古军队攻占金朝都城中都（今北京），王瑞兰随母逃难，蒋世隆携妹流亡，双方在乱中失散，王母与蒋妹相逢，瑞兰与世隆邂逅。在结伴同行过程中，瑞兰与世隆结为患难夫妻，却被王父拆散，后经曲折，又破镜重圆。本剧为旦本，由正旦扮王瑞兰主唱。

第一折开首写王瑞兰和母亲逃离中都。按《元史》记载，金宣宗贞祐三年（1215 年）五月，蒙古军队攻占中都，是时为暑天，关汉卿剧中安排在秋时，剧中〔混江龙〕曲文有“这青湛湛碧悠悠天也知人意，早是秋风飒飒，可更暮雨凄凄”。紧接着就是这支被前人誉为“佳曲”的〔油葫芦〕。

战火纷飞，兵荒马乱，人们离乡背井，备尝忧患，这本是悲惨世难，作者又写逃难的人们在秋雨秋风中奔波，“风雨催人辞故国”，更衬托出悲凉的戏剧氛围。“故国”，这里作故乡、故园解。“行一步一叹息，两行愁泪脸边垂”，既是人物的行动形状，也是人物的心情表露。接下去第四五句用了传统的情景交融的写法：雨点打在脸上，雨水和泪水相间，秋风扑面而来，风声和吁气声交并（曲文中“对”应作“合”或“并”解）。这第四五句又是第二三句中“叹息”和“愁泪”的深化，用来表现人物的凄惶心态。也可以这样理解：雨水和泪水难分，风声和吁气交并，是“天也知人意”，人愁天也愁，人哭天也哭，把自然现象人格化和心灵化，实际上又是极言剧中人物当时的忧伤感情。

按照格律要求，〔油葫芦〕曲的第四五句要求对仗，元代后期有些曲家常常对得十分工整，很像诗词中的对句。如乔吉《金钱记》第一折中作“比及翠盘香冷霓裳罢，又早红牙声歇梧桐下”。关汉卿在这曲中也作对仗处理，却不一味追求平仄工整，写来颇有民歌风味，“一点雨间一行凄惶泪，一阵风对一声长吁气”，和上引乔吉曲文相比，所谓“文采派”与“本色派”的特点一看即知，十分分明。

如果说第四五句具有浓厚的抒情味，那末从第六句开始，又转入实写人物在风雨中行路艰难。“一步一撒”，即一步一失，形容雨中泥泞路滑；“一步一提”，即一步一举，形容小心地迈步，是缓慢、艰难之意。“百忙里”“索与他”是衬字，元曲中用口语化的衬字，而又用来得当，常会增添神韵。这里“百忙里一步一撒”“索与他一步一提”，不仅动作性强，也颇传神灵动。

最后两句写鞋子上沾满淤泥，也是形容行路难，似属平常，但仔细玩味，这里含有人物的潜台词和内心情态：惋惜一双漂亮的绣鞋被泥污。而这双绣鞋儿说不定正是女主人公当年精心绣纳的哩！

（邓绍基）

闺怨佳人拜月亭 第三折

原文

〔伴读书〕你靠栏槛临台榭，我准备名香爇。心事悠悠凭谁说，只除向金鼎焚龙麝，与你殷勤参拜遥天月，此意也无别。

〔笑和尚〕韵悠悠比及把角品绝，碧荧荧投至那灯儿灭，薄设设衾共枕空舒设。冷清清不恁迭，闲遥遥身枝节[①]，闷恹恹怎捱他如年夜！

〔倘秀才〕天那！这一炷香，则愿削减了俺尊君狠切；这一炷香，则愿俺那抛闪下的男儿较些。那一个爷娘不间叠，不似俺，忒咋嗻，劣缺。

〔叨叨令〕元来你深深的花底将身儿遮，搽搽的背后把鞋儿捻，涩涩的轻把我裙儿拽，煴煴的羞得我腮儿热。小鬼头直到撞破我也么哥，撞破我也么哥，我一星星的都索从头儿说。

〔倘秀才〕来波，我怨感我合哽咽，不剌你啼哭你为甚迭。你莫不元是俺男儿的旧妻妾？阿是，阿是，当时只争个字儿别。我错呵了嚒者。

〔呆古朵〕似恁的呵，咱从今后越索着疼热，休想似在先时节。你又是我妹妹姑姑，我又是你嫂嫂姐姐。这般者，俺父母多宗派，您昆仲无枝叶。从今后休从俺爷娘家根脚排，只做俺儿夫家亲眷者。

〔注〕

① 身枝节：王国维在《宋元戏曲考》中引用时作“生枝节”。笔者引申为思绪纷繁。

鉴赏

以上所录六个曲牌叙王瑞兰拜月事，《闺怨佳人拜月亭》剧名由此而得。王国维赞扬南戏《拜月》第三十二出“实为全书中之杰作”，指出它“大抵本于关剧第三折”（《宋元戏曲考》）。

王瑞兰自从在离乱中巧遇秀才蒋世隆，到客店自主成亲。不幸被回朝的父亲撞见，恩爱夫妻就此“生扭散”，撇下个“染病的男儿”，自己被“横拖倒拽”带到汴梁新宅，从此幽居深闺。恹恹捱过残春，又是初夏困人时节。瑞兰随义妹瑞莲到园中闲行散闷，美景供愁，教人备加嗟叹。这一组曲词就写女主人公打发妹子回房后独自焚香拜月，抑郁地抒发对夫婿刻骨铭心的离情，呼喊出封建社会里青年男女共同的心声——“愿天下心厮爱的夫妇永无分离”；女主人公因拜月述怀，与妹子巧认姑嫂，又欢畅地抒发了对夫婿深挚的爱情。

〔伴读书〕一曲，瑞兰一边亲自准备在精致的香炉里点燃名香龙麝，一边吩咐梅香安排香桌，告诉她要烧夜香。作者在此交代了拜月的环境。小姐命把香案置于“靠栏槛临台榭”处，此句写园景。“台榭”，在此不妨作亭子解，从瑞莲藏身花底，可知亭畔有花木假山之类；栏槛，也许就围在池畔，据前文，那是个“似镜面般莹洁”的池塘，水中“浮着个钱来大绿蒐蒐荷叶”。

随后，作者的笔从描绘园景转向描绘月景。月是与情节有关的主要景物，本应细写，但作者仅下了“遥天月”三字，用的是白描笔法。天之遥远，是天之清朗造成的感觉；天之清朗，更显出月之皎洁。可能还是一弯新月，才从天边升起。“与你殷勤参拜遥天月”，不正是瑞兰小姐在向梅香指点晴夜中初升的那一弯新月吗！而这“遥天月”，还同时照临着远方的夫婿呢。所以此月景是瑞兰目中之景，心中之景。总之，这是一个如画般的自然环境。不过，它在舞台上不表现为实景，而是一个虚拟的环境，它存在于演员表演和观众想象之中。

“心事悠悠凭谁说”一句则点出了瑞兰孤独的人间处境即封建家庭环境。此前，姊妹俩游园时，乖巧的妹子曾道破姐的隐情，姐怕父亲知晓，向妹子倒打一耙，指责小鬼头动了春心，声称要向父亲出首。这个情节是为拜月作铺垫的，也是“凭谁说”的注脚：不但凶神恶煞般的家长不可与之语，就是对寻根究底的妹子也不得不小心提防，免得她泄漏了秘密。

那么，什么是瑞兰的“悠悠心事”呢？〔笑和尚〕作了形象的抒写。作者先描绘韵悠悠的号角声在远处消失，碧荧荧的灯火在眼前熄灭，已是孤栖枕、独眠衾的时候了。此时此景，怎不教人凄凉无聊，思绪纷繁！从白天捱到黄昏，从黄昏坐到深夜，在深夜盼着天明，这日子怎么过！作者为表现瑞兰孤寂的心境，恰当地选用悲角、残灯、薄衾等特征性事物，寓情于景，情景交融。又准确地选用叠字，渲染低徊惆怅的气氛和情调。随时间推移，叠现一个个画面，层层递进，以“怎捱他如年夜”作结，言尽意不尽。

心有无穷的烦闷离恨，不能诉诸家人，唯有对月倾吐了。梅香摆好香桌，瑞兰随即烧香，拜月，祝告。〔倘秀才〕写这位少妇衷心祝愿抛撇在招商舍的夫君病体痊愈，与自己早日团圆。而团圆的前提是“削减尊君狠切”，所以这是第一愿。父亲太厉害、凶恶了，他不但像一般家长那样阻碍儿女婚姻，而且粗暴对待一个染病的恩人，这是女儿尤其不能容忍的。

深闺中人的祝告不止于此，她有更宏大的心愿——“天下心厮爱的夫妇永无分离”。此语与《西厢记》剧终“愿普天下有情的都成了眷属”一语，都是作家点题之笔。所不同的是，它是作为人物的宾白编撰在情节之中，是瑞兰（也是作者）的思想结晶，她在离乱中接触现实生活，了解社会矛盾和民间苦难，懂得了“那一个爷娘不间叠（作梗）”的道理，说明其思想境界已提高一层。

瑞兰的祝告被假装回房却躲在花丛的妹子所撞破，瑞莲潜至姐身后，推推搡搡地踩着她的鞋儿，急急匆匆地拉住她的裙儿。少女特有的小动作充分流露了瑞莲那股得意劲儿。我们看不到当年艺人在演唱这支〔叨叨令〕时的精彩表演，如今读此曲词也能把它想象出来。瑞莲为何得意？因为她曾被姐倒打过一耙，现在报复的机会到了，怎能不兴奋！看来，动春心的小鬼头是你不是我，出首的人应当是我不是你！南戏《拜月》中有瑞莲扬言也要到父亲那儿去出首的情节，有瑞莲“却不道小鬼头春心动也”的曲词。这一下羞得姐的腮儿像火烧般发热，使她不得不一点一点从头说出真情。至此戏剧冲突趋向高潮，戏剧情节顿时突转。

当瑞兰说出夫君蒋世隆的姓名年龄时，瑞莲不禁悲泣起来。于是引起瑞兰的疑心，疑及瑞莲是自己夫君的旧妻妾。经瑞莲解释，她忆起因兰、莲两字音近而错应的往事来，明白瑞莲与世隆两个是亲兄妹。误会消除，姊妹成了姑嫂，比先前越发疼热。〔呆古朵〕中“你又是我妹妹姑姑，我又是你嫂嫂姐姐”句，反复强调彼此的双重身份，狂喜之情溢于言表。看似信手拈来家常语，足抵十句百句亲热话。不料嫂嫂又不满足于双重身份了，她接着嘱告：由于我父母多宗族支派，你兄妹无远族旁支，今后休从我爷娘家的关系上称姐妹，而应当从我夫君家的关系上认姑嫂。姊妹亲于姑嫂本是常情，但这里瑞兰却以姑嫂亲于姊妹，正表明了瑞兰对世隆的挚爱和对爷娘家的厌恶。瑞兰的奇思妙想来自作家对人物内心隐秘的洞察和把握。李卓吾在南戏本上风趣地批曰：“‘更着疼热’也只为老公面上耳。到底是疼热老公，不是疼热妹子。”原来关剧中有丰富的潜台词。

纵观这一组曲词，从艺术手法看，前一个场面呈静态，由人物直抒胸臆；后一个场面呈动态，在冲突和情节发展中刻画人物性格。从戏剧气氛看，前者是悲剧性的，后者是喜剧性的，悲喜交集，在喜剧性冲突中反映悲剧性社会矛盾，从而寄寓作家的爱憎褒贬。从曲词风格看，清丽、妩媚、切合人物身份和性格，却不离关剧本色的总体风格。此曲词又是当行的。近人青木正儿《元人杂剧概说》在评论《拜月》一折的曲文时说：“如果拿它和《西厢记》的《拜月》一折相比，那么虽没有《西厢》那样的典丽，而其恻恻动人的深刻，则非《西厢》所能企及。这也还是本色和文采的分别吧。”其实，这是一个曲词当行与否的问题，也是一个内容问题。

瑞兰不幸遭遇所蓄积的情感体验出之以“随所妆演，摹拟曲尽”（《元曲选·序二》）的当行语，焉能不“恻恻动人”？明代戏曲理论家王骥德也谈到关剧语言精微刻画人物的特长：“实甫以描写，而汉卿以雕镂。描写者远摄风神，而雕镂者深次骨貌”（王骥德《校注古本西厢记·自序》）。所论是公允的。

（宋光祖）

诈妮子调风月[1] 第三折

原文

〔越调·斗鹌鹑〕短叹长吁，千声万声；捣枕捶床，到三更四更。便是止渴思梅，充饥画饼。因甚顷刻休，则伤我取次成。好个个舒心，干支刺没兴。

〔紫花儿序〕好轻乞列薄命，热忽剌姻缘，短古取恩情。见一个耍蛾儿来往向烈焰上飞腾，正撞着银灯，拦头送了性命。咱两个堪为比并：我为那包髻白身，你为这灯火青荧。

〔幺〕我把这银灯来指定，引了咱两个魂灵。都是这一点虚名，怕不百伶百俐，千战千赢，更做道能行怎离得影？这一场了身不正，怎当那厮大四至铺排，小夫人名称？

〔注〕

① 元明两代之杂剧选本中，仅《元刊杂剧三十种》收此剧，宾白不全，部分细节不知其详。

鉴赏

此剧写婢女的爱情生活，可以说是一个新的题材领域。婢女和妓女一样，都是社会下层的受压迫遭轻视的弱女子，但她们的命运、处境却又各不相同。在元杂剧中，主要写婢女的爱情生活的作品极少，这可能是仅有的一个。

故事写婢女燕燕受她的主子小千户诱骗，失身并产生了真挚的爱情，而小千户则是感情甚不专一的纨绔子弟，他见异思迁，又爱上了贵族小姐莺莺。在小千户与莺莺结婚时，燕燕陷入痛苦激愤的困境中，情不自禁把受诱骗的经过当众和盘托出，进行了控诉。主人看到事情难以收拾，遂把燕燕许给小千户作侧室。燕燕应该说是胜利了，但是也只能是悲剧色彩十分浓烈的一种胜利而已。

前面二折写涉世不深的燕燕受骗的经过，也写了她有所醒悟，认识到已经受骗上当了。但没有法子挽回，而且她对小千户仍不能忘情，多少有点幻想。第三折就是在这一规定情景下展开的。三支曲子都是燕燕的自思自叹，相当可怜，使人为之惋惜、同情。

在《西厢记》中，张生对莺莺的思念到了狂热的地步时，也曾短叹长吁、捣枕捶床。但张生是男性，身份是世家公子，他如此行径，当时会被认为风流韵事。燕燕是女性，身份是卑下的使女，她敢于这样让自己的真实感情充分发泄，可以说性格鲜明，够大胆的了。

短叹长吁和捣枕捶床都无补于事，都改变不了这冷酷的现实。到夜深时，她深切感到，要得到小千户的真情实爱，无异“止渴思梅，充饥画饼”，只会落得一场空喜欢。

她既为轻信小千户而懊恼，又想明白“因甚顷刻休”的原因，所以彻夜难以入睡。自己如此凄凉孤单，当然同时要想到小千户和莺莺则正好与此相反，而在“个个舒心”地过着欢快的生活。也就是说，燕燕从逻辑上作了推理。小千户与莺莺的欢乐，其基础恰恰就是建立在她燕燕的痛苦上的。

第二折中，燕燕曾唱“本待要皂腰裙，刚待要兰包髻，则这的是接贵攀高落得的”。而〔紫花儿序〕实际上是接上去的下文。“落得”什么结果呢？“好轻乞列薄命，热忽剌姻缘，短古取恩情。”接着作者作了一个形象的比喻，燕燕自叹向小千户追求爱情同飞蛾向灯追求光明一样，结果只能是把自己的生命都毁掉。

燕燕对飞蛾流露了同情，也表示了赞美。所以说：“我为那包髻白身，你为这灯火青荧。”主要是有感于“咱两个堪为比并”，实际上仍是为了自己的遭遇而发。作者用了赋比兴的手法，而且十分成功。“赋”的部分是明显的，“比”的部分用笔更是直率，“兴”则比较隐晦，但确实存在在那里，我们能感觉得到。

〔幺〕开头三句仍是说：“咱两个堪为比并”，接着作者便让燕燕更直截了当地抒发她的不平和感慨。作者十分巧妙地让燕燕在唱〔紫花儿序〕与〔幺〕之间救出了灯蛾，这就暗示了燕燕不一定走决绝的道路，所以她的不平和感慨没有激化，而是作了某些回顾，甚至对自身的有利条件和不利条件都有所分析比较。

燕燕不是一般的婢女，也是够聪敏的。“百伶百俐，千战千赢”正好说明了“诈妮子”的“诈”，原不是好欺侮好摆弄的。但她的身份是婢女，而且已失身在前了。这不可改变的现实使得她处于相当被动的地位。话说回来，她终究是“百伶百俐”的，曾经“千战千赢”，因此她仍要作最大的挣扎，争取尽可能好一点的结局。“小夫人名称”，乍看是燕燕的妥协、让步。要知道“能行怎离得影”，离不开的。因此“小夫人名称”，也是主人和小千户的妥协、让步，如果燕燕不是这样审时度势、有力有节，既机智又泼辣地挣扎，主人和小千户也不可能作这样的妥协、让步的。所以也可以认为是燕燕的胜利。当然从今天来看，称之为悲剧性的大团圆反而更符合实际情况些。

（郭汉城 谭志湘）

散曲

sanqu

〔仙吕〕醉扶归 嘲秃指甲

原文

十指如枯笋，和袖捧金樽。搊殺银筝字不真，揉痒天生钝。纵有相思泪痕，索把拳头揾。

鉴赏

《中原音韵》与《词林摘艳》题《秃指甲》，未注撰人。《尧山堂外纪》题注“关汉卿嘲秃指甲”。《留青日札》注元人作。《曲律》谓“元人嘲秃指甲”。《北宫词纪》谓“嘲妓秃指甲”。

和袖指用袖子挡住手指，搊音抽，拨弄乐器，文中指演奏银筝。真作真书讲，意谓工整。此曲以字面看是较深地反映了歌妓的痛苦：尽管弹筝已将指甲磨秃了，到了“十指如枯笋”的悲惨境地，却还得被迫待客，处处藏掖着，不能让人看到那已经枯干的手指，一个“索”字道出了内心无尽的哀怨和凄凉。从“揉痒”等词可以看出在描写歌妓痛苦的处境时，多少是通过嘲戏的方式表现出来的，这种处理手法表现出作者自嘲的态度，这和当时的历史背景有着极大的关系。元代科举制度一度被废除，切断了文人儒士们的科举之路，到延祐二年(1315 年)，元仁宗下令恢复科举制度，但由于元的等级制度，作为儒学主要力量的原属南宋版图范围的汉族文人属于最底层的第四等人，很难获得真正公平的竞争的机会。选拔人才时更多的时候是考察等级和出身，传统的“学而优则仕”的路径被无情的切断，广大的汉人知识分子为了谋生，一部分士人利用自己的知识优势，在各级政府机构中做了下层的小吏，即所谓的“胥吏”。一部分士人则也没完全脱离文墨，做了官僚的幕僚。读书仕进，对于士人来说，并不仅仅是改变个人与家庭处境的现实考虑，更多的是儒家思想中治国平天下的价值观的实现。自从元初废除科举后，大批的读书人无法走上仕途实现理想，取得相应的社会地位。所以久而久之理想和现实的矛盾使得读书人的心态开始转变，没有了兼济天下的豪情，转而将目光转向勾栏、歌妓，笔下写出了诸如此类的玩笑之作。

作者用带有嘲弄的手法写出了歌妓的动作，写态传情，曲尽其妙，歌妓一直在掩藏“秃手指”这个拙，看似一无是处，却也是一种无奈的生活方式。作者在此曲中写出了抱负无法施展的哀怨，对读书人社会责任的刻意回避，对世事的淡漠，对统治者不满的情绪、不合作的态度。但是铮铮的大丈夫气概也跃然纸上，饱含着深沉的时代悲哀。

元人周德清将此曲作为《中原音韵》作词十法的“定格”之一，明人王世贞在《弇州四部稿·艺苑卮言》中称此曲为“诨中巧语”，均对其极为赞赏。

（易吴尉）

〔仙吕〕一半儿 题情

原文

云鬟雾鬓胜堆鸦，浅露金莲簌绛纱，不比等闲墙外花。骂你个俏冤家，一半儿难当一半儿耍。

碧纱窗外静无人，跪在床前忙要亲。骂了个负心回转身。虽是我话儿嗔，一半儿推辞一半儿肯。

银台灯灭篆烟残，独入罗帏淹泪眼，乍孤眠好教人情兴懒。薄设设被儿单，一半儿温和一半儿寒。

多情多绪小冤家，迤逗得人来憔悴煞，说来的话先瞒过咱。怎知他，一半儿真实一半儿假。

鉴赏

〔一半儿〕属仙吕宫，宜于表现"清新绵邈"的情感，句式为七、七、七、三、九，"一半儿……一半儿……"是它的定格。这套组曲前三支第四句中的"骂你个""虽是我"和"薄设设"都是衬字。这支脍炙人口的组曲，《太平乐府》《尧山堂外纪》和《北宫词纪外集》等著名的曲选，或选其全部，或选其前二。近人吴梅在其《顾曲麈谈·谈曲》中对其前二首评价甚高，誉为元人乐府中的佳作。它是以同一曲调，调各一韵，重复填写，描绘一对青年男女一见钟情、别后相思的爱情发展变化的过程，离之则独立为四，合之则融而为一，是散曲中一种常见的体式，人们把它叫做“重头”。

这组散曲写得大胆泼辣，略无顾忌，有审美情感的浓烈的一面，而无审美情感的隐秘的一面，这正是由曲贵显露、重机趣、要求本色当行、雅俗共赏的艺术特点所决定的，而明朱权竟以“观其词语，乃可上可下之才”（《太和正音谱》）加以贬抑，何良俊以“关之词激厉而少蕴借”（《四友斋丛说》卷三十七）加以讥弹，都是用诗和词的审美标准来品评曲的，自然不是“笃论”。组曲的第一支小令写一个少年看到那个“俏冤家”时所激起的感情的微波。妙在第一二句一连用了“云鬟”“雾鬓”和“堆鸦”三个形象的比喻，来赞美她的头发的茂密、松散和乌黑，是静态的美；而微微地露出“金莲”，以及挪动“金莲”时，那“绛纱”的裙儿发出簌簌的声响，是动态的美。从头部到足部，从静态到动态，都是那样的娇艳，那样的轻盈，那样的千娇百媚，怎么不教人陶醉，不教人“春心荡”呢？可他猛然想起那使人陶醉的玉人儿，不是路柳墙花，可以随便任人攀折的；而是深闺丽质，只能“发乎情止乎礼义”。于是在希望和失望、爱怜和懊恼交织的情感中，骂了一声“俏冤家”。可他又想到“冤家”乃是男女相互的爱称，他有什么资格可以这么渎犯别人呢？于是又自我解嘲地说：这不过是一半儿迤逗一半玩笑罢了。几句话，把一个“多情多绪”的少年，一刹那间的内心活动十分逼真地表现了出来，真是此中有人，呼之欲出。更妙是写到这里，戛然而止，此后他们之间是如何月上柳梢，人约黄昏，千般绸缪，万种温柔，就可以在画面之外想象得之了。

第二支小令是从少女的角度来写少年的鲁莽行为。但鲁莽中有深情，痴呆中有慧根，令人爱既不可，恨又不忍，只好在半推半就中“遂却少年心，称了于飞愿”（关汉卿〔新水令〕）。妙在作者设置了一个极其幽静的环境，碧纱笼着窗棂，周围连一个人影也没有，给少年提供了求情寻欢的条件。主人公怀着负心的内疚，装出一副可怜相，要求与她亲热。只一个“跪”字，包含着多少恼人的往事，把他背着她在外攀柳折花、握雨携云的负心行为完全浓缩在里面。既呼应了上文的“骂”，又对比了下文的“嗔”，自然是几经锻炼得来的。试看一个是“要亲”，一个是“转身”；一个是假意，一个是真情。他越装得可怜，越显出忏悔的真诚；她越假装生气，越显出内心的甜蜜。这最后两句，恰好说明“嗔”是假，“回转身”来是假，是表面的，是做戏的，而接受他的“亲”，才是内心的，是真实的。“一半儿推辞一半儿肯”，把一个少女的内心世界裸露无遗，既有羞涩和矜持的一面，又有深情和大胆的一面。一个少女的半嗔半羞、半推半就的神态，活脱脱地浮现在我们的面前。写到这里，两人濒于破裂的感情，完全弥缝起来了，一切恩怨都涣然冰释了。然而“人有悲欢离合，月有阴晴圆缺”，别易会难，聚少离多，是生活旋流中常有的微波，是不足为怪的。

第三四支小令，正是写他们生活漩流中的微波。夜深了，人远了，女主人公怀着“才欢悦，早间别”的孤寂感，重新陷于痛苦之中，灯灭银台，烟消宝鼎，一幕幕的往事在心头闪过。没奈何，只得含着两行清泪走向冷清清的罗帏。“昨宵个绣衾香暖留春住，今夜个翠被生寒有梦知”（《西厢记》三本三折），自然感到“情兴懒”，“被儿单”了。这就把她在乍离乍别之后，不免要发出“等闲辜负，好天良夜”（关汉卿《侍香金童》）的感叹。于是在回忆和苦闷中，想起了“多情多绪”的“小冤家”，半真半假的私房话，怎么不逗得人魂牵梦萦，惹得人腰瘦带宽，怎么不教人烦烦恼恼、哀哀怨怨呢？这里的“小冤家”和上文的“俏冤家”，相映成趣，虽只一字之异，却是移易不得。无怪贯云石说关汉卿的散曲“造语妖娇”（《阳春白雪序》）了。

（羊春秋）

〔南吕〕 四块玉 别情

原文

自送别，心难舍，一点相思几时绝。凭阑袖拂杨花雪。溪又斜，山又遮，人去也。

鉴赏

此曲用代言体写男女离别相思，从语言、结构到音情都有值得称道之处。

曲从别后说起，口气虽平易，然送别的当时，既觉“难舍”，过后思量，心绪自然无法平静。说“相思”只“一点”，似乎不多，但又不知“几时”能绝。这就强调了别情缠绵的一面，比起强调别情的沉重那一面，似乎更合情理，此即所谓藕（偶）断丝（思）连。“凭阑袖拂杨花雪”，一句有二重意味：首先点明季节为暮春（杨花如雪）时候，此时节容易动人离思，句中或许还含有“去年相送，余杭门外，飞雪似杨花；今年春尽，杨花似雪，犹不见还家”（苏轼《少年游》）那种暗示别时情景的意味；二是点明处所系有阑杆处，当是高楼；与此同时也就点明了女主人公是“独上高楼，望尽天涯路”（晏殊《鹊踏枝》），她在楼头站了许久，以致杨花飞满衣襟，须时时“袖拂”。“杨花雪”这一造语甚奇异，它比“杨花似雪”或“如雪的杨花”的说法，更具有感性色彩，手法差近“鬓云欲度香腮雪”（温庭筠《菩萨蛮》）中的“香腮雪”。

末尾三句“溪又斜，山又遮，人去也”，分明是别时景象，它与前数句的关系不甚确定。可有多种解会：一种是作顺承看，女主人公既在“凭阑”，不免由望中情人的去路而引起神伤，“溪又斜，山又遮”乃客路光景，“人去也”则完全是痛定思痛口吻。这一解类乎古诗“步出城东门，遥望江南路。前日风雪中，故人从此去”的意境。另一种是作逆挽看，可认为作者在章法上作了倒叙腾挪，使得作品结构不直致，结尾有余韵，近乎小山词所谓“从别后，忆相逢”(晏几道《鹧鸪天》)的写法。而这两种解会还可以融合，因为那倒叙也可以看作是女主人公的追忆。这种“多义”现象包含着一个创作奥秘。接受美学认为，文学欣赏是一种补充性的确定活动，读者须用自己的想象填补作品的未定点和空白。此曲之妙，就在于作者在关键处巧设下了这样的未定点和空白，从而使作品具有多义性和启发性，令人百读不厌。

曲味与词味不同，其一在韵度。曲用韵较密，且一韵到底。韵，本是较长停顿的表记。此曲短句虽多，但句尾的腔口均须延宕，读来韵味悠扬。特别是结尾以虚字入韵，为诗词所罕见，曲中则常有(别如马致远《夜行船》套“道东篱醉了也”)。以“人去也”呼告作结，极有风致，使人不禁联想到“听得道一声去也，松了金钏”那一《西厢》名句。

(周啸天)

〔南吕〕 四块玉 闲适

原文

适意行，安心坐。渴时饮饥时餐醉时歌，困来时就向莎茵卧。日月长，天地阔，闲快活。

鉴赏

关汉卿的〔四块玉〕《闲适》是一组小令，共四首，这是第一首。这支小令《太和正音谱》列为谱式，但第三句作“渴时饮呵醉时歌”七字句，《九宫大成谱》又把它分为“渴时饮，醉时歌”两个三字句，这里根据《太平乐府》作“渴时饮饥时餐醉时歌”的九字句，说明它的第三句至少有三种句式。

这组小令所包含的深沉意识，在元代一些沉抑下僚、志不获展的知识分子的诗歌中常有流露，如马致远的“种春风二顷田，远红尘千丈波，倒大来闲快活”(〔四块玉〕《叹世》)，白朴的“知荣知辱牢缄口，谁是谁非暗点头，诗书丛里且淹留”(〔阳春曲〕《知几》)等，都是这种意识的反映；就是那些仕途亨通，春风得意的知识分子，在诗歌中也往往会流露出这种意识，如做过翰林学士承旨的卢挚，也有“风云变古今，日月搬兴废，为功名枉争闲气”(〔沉醉东风〕《叹世》)的感叹，做到太子少傅的姚燧，同样有“有人问我意如何？人海阔，无日不风波”(〔阳春曲〕)的曲词。他们都像看破红尘，参透荣辱，沉默而不敢言，趑趄而不敢进，只想退出那“车尘马足，蚁穴蜂衙”的官场，走到那“闲中自有闲中乐，天地一壶宽又阔”(陈草庵〔山坡羊〕)的世界里去。关汉卿这组小令,可以说是这种意识的代表。他向往那种闲适清静、无拘无束的散诞生活,而对那“官囚”“利牢”的名利场、是非海,则感到厌倦、蔑视和憎恨。

这首曲一开头,就提出自己的生活信条:“适意行,安心坐。”即要求行要适意,坐要安心,既没有荣辱的干扰,又没有祸福的忧虑;既不仰人鼻息,又不受人驱使,完全按照生活的需要,来安排自己的一切。“渴时饮饥时餐醉时歌,困来时就向莎茵卧”。饮、餐、歌、卧,都是任其自然,随心所欲,什么“闲熬煎、闲烦恼、闲萦系、闲追欢、闲落魄、闲游戏”(〔乔牌儿〕),统统去见鬼罢,剩下的只有“四时风月一闲身”(白朴〔阳春曲〕《知几》)了。诗人把这种生活跟那“密匝匝蚁排兵,乱纷纷蜂酿蜜,急攘攘蝇争血”(马致远〔夜行船〕)的官场生活对立起来,跟那“晨鸡初叫,昏鸦争噪,那个不去红尘闹”(陈草庵〔山坡羊〕)的奔竞者对立起来。他把恬退、闲适的生活描绘得越自在、越自由,就越反衬出官场生活的不自在、不自由;描绘得越安稳、越宁静,就越反衬出官场生活的危险、不太平。这种思潮的流行,与清静无为的道家思想有关,与社会的黑暗动乱有关。下文的“日月长,天地阔,闲快活”,既是紧承上文的“醉时歌”而来,又是元代道教盛行,社会黑暗的艺术反映。“壶中日月长”,“醉里乾坤大”,是醉眼蒙胧中的境界,也是人们在那个时代里要求“静听不闻雷霆之声,熟视不见天地之形”的心理反应。这里还暗用了道士施存“常悬一壶,如五升器大,变化为天地,中有日月如世间,夜宿其内,自号壶天,人谓曰壶公”(《云笈七签》)的故事,让人们遁入道家所描绘的洞天福地,以逃避现实生活中的干扰、斗争和罪恶,像李白所高唱的那样:“何当脱屣谢时去，壶中日月别有天。”（《下途归石门旧居》）此首小令所反映的这种思想，现在看来虽不免有些消极，但在当时却是与黑暗的现实相对立的。

（羊春秋）

〔南吕〕四块玉 闲适

原文

旧酒投[1]，新醅泼[2]，老瓦盆边笑呵呵。共山僧野叟闲吟和。他出一对鸡，我出一个鹅，闲快活。

〔注〕

① 投：本作酘（tóu），酿酒过程中把饭投入曲液，此处指再酿之酒。
② 醅（pēi）泼：即酦（pō），未滤过的重酿酒。

鉴赏

《闲适》共四首，这是第二首，写诗人同良朋好友诗酒欢宴的动人情景。

在一个风和日暖的日子里，旧酒重新酿过，新酒刚刚蒸熟，老瓦盆边几个良朋好友围坐一团，喜笑颜开，意气扬扬。原来是诗人同山野中的和尚、田叟在一起饮酒赋诗，吟咏唱和。今天，他拿来了一对鸡，我带了一只鹅，大家在这里自在消受一番，好不快活。

这是一个充满诗情画意，富有浓厚生活气息的小宴会。这次宴会既无达官贵人迎宾娱客、妙舞笙歌的豪华奢靡场面，也无文人雅士宾主饮宴、传杯换盏的繁缛礼节，一切是那么自然，那么简朴；然而又是那么融洽和谐，那么真诚、热烈。虽然酒是自家旧投、新泼的，酒具是简陋的老瓦盆，饮食是大家凑合的，客人是山僧野叟，不是什么有身份的人，但菜肴却也不少，有酒、有肉、有鸡、有鹅，大家笑呵呵，乐陶陶，还吟诗唱和地闲快活。总之，情绪是欢乐的，志趣是高雅的，气氛是真挚友好的。这种“打平伙”式的真诚欢聚，无拘无束，率性而行，彼此尊重，平等相待，和睦友好，正是田园生活的乐趣和山野隐逸的高洁所在。诗人不慕荣利，鄙弃官场的高尚情操充分表现了出来，不言而自明。“闲吟和”“闲快活”式的逍遥自在的“闲适”生活的确又只能在“山僧野叟”中存在，而尔虞我诈、勾心斗角的黑暗官场中是绝对没有的。因此诗人对“闲适”自由的赞颂无疑又是对现实社会与黑暗官场的不满与否定。

本色的语言、鲜明的形象是这首小令的一个显著特点。整首小令全用通俗易懂的民间口语，朴实自然，毫无雕琢斧凿的痕迹，仿佛信手拈来一般。“他出一对鸡，我出一个鹅”，这样的句子自然贴切而又似毫不经意，却很好地表现了这些自食其力而并不富有的山林隐士彼此之间亲密无间的感情。“老瓦盆边笑呵呵”“共山僧野叟闲吟和”，亦是平常口头语，然而诗人与“山僧野叟”饮酒赋诗、欢乐无穷的动人场景却历历如绘，宛在眼前，形象鲜明生动，传神感人。

（吴明贤）

〔南吕〕四块玉 闲适

原文

意马收，心猿锁。跳出红尘恶风波，槐阴午梦谁惊破。离了利名场，钻入安乐窝，闲快活。

鉴赏

这是关汉卿〔四块玉〕《闲适》这组小令的第三首。作者“经了些窝弓冷箭蜡枪头”（《不伏老》）之后，萌发了“寻取个稳便处闲坐地”（〔乔牌儿〕）的内心呼唤。曲一开始，就用了一个为人们所熟悉的佛教典故。《维摩经·香积品》云：“难化之人，性如猿猴，故以若干种法，制御其心，乃能调伏。”就是以人的名心利欲，比之奔腾的马，易躁的猿，要将它牢牢的拴起和锁住，才能安静下来。这“意马收，心猿锁”是元代许多知识分子共同的心态流露。卢挚的“无是无非快活煞，锁住了心猿意马”（〔沉醉东风〕），庾天锡的“紧地心猿系，牢将意马拴”（〔雁儿落带得胜令〕），都是这种意识的表露。他们为什么要制住心猿意马、跳出红尘呢？一是看到现实的风波，二是参破槐阴的午梦。他们看到屈原沉江、伍胥伏剑、淮阴饮恨、伏波蒙冤的历史，不断地在现实生活中重演；看到金榜题名、麟阁书勋、万里封侯、一品当朝，还不是“到头这一身，难逃那一日”（〔乔牌儿〕）！于是立下“跳出红尘恶风波”的决心，发出“槐阴午梦谁惊破”的诘问。“槐阴梦”就是“南柯梦”。书生淳于棼醉卧在槐阴下，梦为大槐安国驸马，任南柯太守三十年，享尽了人间的荣华富贵，后以兵败罢归（见唐李公佐的《南柯太守传》和明汤显祖的《南柯记》）。连梦里功名，幻中富贵，也是"功名纸半张，富贵十年限"（庾天锡〔雁儿落带得胜令〕），有什么意思呢？还不如"离了利名场，钻入安乐窝，闲快活"。这表面上是逃避斗争，追求安逸的消极思想，实则是悲与愤的交织，血和泪的控诉。诗人是热爱生活的，但生活不让他织成五彩缤纷的颜色；诗人是很有才华的，但才华不让他为国分忧，为民作主。离开那名缰利锁般的牢笼，钻进那安闲自在的窝中，是被动的，是不得已的，是从历史教训和现实生活中总结出来的全身远祸的办法。他认为范蠡的五湖舟，严陵的七里滩，陶潜的五柳庄，陈抟的少华山，确实是理想的"安乐窝"。那里不要"摧眉折腰事权贵"，那里较少"窝弓冷箭蜡枪头"，那里也不必"带月行，披星走，孤馆寒食异乡秋"。正因为如此，所以元人散曲中总是批评屈原、伍胥、韩信、马援等不知急流勇退、全身远祸，而赞美范蠡、严陵、陶潜和陈抟"会作山中相，不管人间事"。这种思潮，自有其时代背景的。在蒙古贵族的统治下，民族歧视和民族压迫是空前的。从政治上看，"台省元臣、郡邑长官及雄要之职"，汉人皆不得担任（《草木子》）。从法律上看，"诸蒙古人与汉人争，汉人勿还报"（《元史・刑法志四・斗殴》），"诸蒙古人因争及乘醉殴死汉人者，断罚出征，并全徵烧埋银"（《元史・刑法志四・杀伤》）。从科举来看，"试蒙古生之法宜从宽，色目生稍加密，汉人生则全"（《元史・选举志》）。一些法令是极不平等的，这使得大多数知识分子产生"这壁拦住贤路，那壁又挡住仕途"（马致远《荐福碑》第一折）的悲愤，于是"皆不屑仕进，乃嘲风弄月，流连光景"（郝经《青楼集序》），"以其有用之才，一寓于声歌之末，以抒发其抑郁感慨之怀”（胡仔《真珠船》）。这就是诗人一再呐喊“急流勇退寻归计”，“寻取个稳便处闲坐地”的思想实质，也是这支小令所表现的中心思想。

（羊春秋）

〔南吕〕四块玉 闲适

原文

南亩耕，东山卧，世态人情经历多。闲将往事思量过。贤的是他，愚的是我，争什么！

鉴赏

本篇是关汉卿《闲适》这组小令的第四首。同第三首一样，它也是倾诉自己为什么愿意过闲适的隐居生活的苦衷，但侧重点有所不同。第三首主要是从名利虚幻的角度说，这一首主要是从贤愚颠倒的角度说。合而观之，作者的思想脉络就比较清晰了。

“南亩耕”用陶渊明典故。陶渊明不愿为五斗米折腰，弃官归来，“开荒南野际，守拙归园田”（《归园田居》之一），高风亮节，世所钦仰。“东山卧”用谢安典故。谢安曾在东山（今浙江绍兴上虞区）隐居，屡辞征召，高卧不起。这两位古人都是作者心目中的榜样。然而，诗人为什么会产生归隐山林之想呢？这决不是因为诗人不关怀世事，恰恰相反，他和陶渊明、谢安一样，都曾有过济苍生、安社稷的抱负，但在亲身阅历了纷纭万象的“世态人情”之后，他对于自己面对的现实有了清醒的认识。什么“世态”？何等“人情”？作者这里没有明言。但联系作者的其他作品，不难想象他所指的是“为善的受贫穷更命短，造恶的享富贵又寿延”（《窦娥冤》）的善恶颠倒；“红尘万丈困贤才”，“十谒朱门九不开”（《裴度还带》）的人才悲剧；“利名场上苦奔波”，“蜗牛角上争人我”（《鲁斋郎》)的钻营奔竞;“浮云世态纷纷变,秋草人情日日疏”(《鲁斋郎》)的浇薄世风。往事历历,发人深省。诗人反复思量,终于发出鄙夷的一笑:“贤的是他,愚的是我,争什么!”既然那些争名于朝、争利于市者以“贤”自居,并且他们之间也会以“贤”互许,那么我倒愿意以“愚”自居,藏拙守愚,怡然自乐,干什么去和那班小人争短较长!作者对于“贼做官,官做贼,混愚贤”(无名氏〔醉太平〕)的黑暗现实极端不满,对如蝇逐臭、如鸥嗜鼠的功名市侩们嗤之以鼻,在这里却以旷达之语出之,但嬉笑怒骂皆成文章,其忿激的力量决不在慷慨激昂的作品之下。“贤的是他,愚的是我”用“倒反”辞格,一“他”一“我”,泾清渭浊,了了分明。这充分表现出作者傲岸的气骨和倔强的个性。

中国古代士人的处世态度,要而言之就是入世、出世两种。但大凡有正义感的知识分子,不论入世也好,出世也好,总是要和现实产生矛盾,和世俗发生龃龉,因此他们要保持自己的人格,常常需要一反流俗,孤标独立。杜甫曾叹息“致君尧舜上,再使风俗淳”的理想不得实现,说自己“窃比稷与契”是“许身一何愚”(《自京赴奉先县咏怀五百字》);关汉卿此处又因归隐田园而宣称“愚的是我”:两位作家处世态度不尽相同,但其愤懑不平则是一致的。当然他们所自诩的“愚”,都是“貌愚而志远”(葛洪《抱朴子》),这是不待言的。

(赵山林)

〔商调〕梧叶儿 别情

原文

别离易，相见难，何处锁雕鞍。春将去，人未还，这其间，殃及煞愁眉泪眼。

鉴赏

“梧叶儿”，又叫“碧梧秋”或“知秋令”。周德清在《中原音韵·作词十法》中把这支小令作为“定格”，并说它“音如破竹，语尽意尽，冠绝诸词”。王世贞在《曲藻》中又把它作为“情中悄语”的适例。说明它在选调、造语、立意诸方面，达到了很高的艺术境界。就选调来说，自元燕南芝庵提出“大凡声音，各应于律吕”，如“仙吕调唱清新绵邈”，“商调唱凄怆怨慕”（《唱论》）之后，明朱权的《太和正音谱·词林须知》，王世贞的《曲藻》均采其说，至王骥德更进一步加以具体的论述：“凡宫调须称事之悲欢苦乐，如游赏则用仙吕、双调等类；哀怨则用商调、越调等类，以调合情，容易感动得人。”（《曲律·论剧戏》）这支小令是写哀怨，写“黯然魂消”的离愁别恨，所以选择了宜于表达“凄怆怨慕”感情的〔商调·梧叶儿〕，从而容易引起人们感情上的共鸣。就造语来说，曲和诗词是有区别的，大抵诗词贵文雅而曲贵本色，诗词宜蕴藉而曲宜明爽。这支小令，没有堆垛学问，雕琢辞藻，而是用平常语道出人物的心曲隐微，贴切自然，感人至深。所以周德清说曲中的“‘这其间’三字，承上接下，了无瑕疵。‘殃及煞’三字，俊哉语也”（《中原音韵·作词十法》)。所谓“俊语”,所谓“了无瑕疵”,除了音乐性的原因之外,实际上就是它的语言自然妥溜,当行本色,没有一句生造的话。就立意来说,这支小令写的是“别情”,但它并不着力去写“执手相看泪眼,更无语凝咽”(柳永《雨霖铃》)那样难分难舍之态,不去写“青山隔送行,疏林不做美,淡烟暮霭相遮蔽”(《西厢记·草桥惊梦》)那样伫立凝望之情,而是写离别之后的悔恨,写“年少呵轻离别,情薄呵易弃掷”的生活现实。整个小曲的意境是从王昌龄的“忽见陌头杨柳色,悔教夫婿觅封侯”(《闺怨》)中脱胎出来的。它巧妙地截取生活中的一个横断面,把曲中女主人细微的内心活动委婉地表达了出来。“别离易,相见难,何处锁雕鞍”,是后悔心理的写照,是用李商隐“相见时难别亦难”(《无题》)的句意。到底是什么地方把他的“雕鞍”锁住了呢?她怀疑了,她后悔了,诗人巧妙地运用了柳永的“早知恁么,悔当初,不把雕鞍锁”(《定风波》)的词意,既怀疑有人这时锁住了他的“雕鞍”,又后悔自己当初没有把“雕鞍锁”,真是语少而意多,语浅而意深。“物换星移”的季节,容易引起人们各种各样的闲愁。曲中的女主人公早就在倚楼凝望了,可现在“春将去”而“人未还”,怎么不引起“意夺神骇,骨折心惊”(江淹《别赋》)的悲伤呢?“殃及煞愁眉泪眼”,正是这种感情的表现。如果说“何处锁雕鞍”以前,只是淡淡的哀愁,那么“春将去,人未还”,便是深深的埋怨了,到了“殃及煞”一句,便是爱和恨交织起来的矛盾的内心世界的坦露。寥寥数语,把这女主人公隐曲的感情发展的过程,很有层次表现了出来,使人感到这情是从肺腑里流出来的,这话是从心坎里说出来的,因而具有强大感人的艺术魅力。

(羊春秋)

〔双调〕 沉醉东风

原文

咫尺的天南地北，霎时间月缺花飞。手执着饯行杯，眼阁着别离泪。刚道得声“保重将息”，痛煞煞教人舍不得。“好去者望前程万里！”

鉴赏

对于以抒情为主要艺术使命的韵文诗体来说，怅惘凄恻的离情别绪，自然是它们的重要题材，正如男欢女爱、伤春悲秋、羁旅之愁、风月之叹一样。在这类作品中，又可因时地角度不同而分作两种，其一是久别长离之后的深深怀想，另一则是描写话别饯行之际的两情依依，分手瞬间的骤然心紧。前者继承的是汉乐府游子思妇的传统，后者的佳篇可举李商隐“相见时难别亦难”的无题诗，柳永“多情自古伤离别，更那堪冷落清秋节”的《雨霖铃》词。关汉卿的这首〔沉醉东风〕，正是属于后者的曲之佳构，是一首声情并茂的用散曲写就的“长亭送别”。

“咫尺的天南地北，霎时间月缺花飞。”虽眼下近在咫尺，但即刻便要各分南北了。咫尺，所指自然是空间上的距离。而与之对仗的“霎时间”，则表示时间上的短暂。虽说月有阴晴圆缺，花亦有开谢盛衰，自然现象的变化本在人的意料之中，但这“霎时间”的“月缺花飞”，人何以堪！可见此处之“月缺花飞”并非眼中之景，实为心中之情：花好月圆，能有几时？首二句点出主题：饯别。次二句为读者勾勒了送行女子的神态:"手执着饯行杯,眼阁着别离泪。"阁,同"搁",眼眶中勉强噙住的泪珠儿,几乎要滚落到杯中去;眼中物与杯中物一样微颤,杯中物还无眼中物多。小令的后三句尤为生动传神。送行女子最终强忍泪水,吐出了临别赠言。但这短短数字的嘱咐却几番被哽咽之声打断,吐得多么艰难!

如果说柳永"执手相看泪眼,竟无语凝噎"句,讴歌的是一种无声之别的话,那么关氏笔下,则是有声之别;柳词的千言万语竟无从说起,自然写尽了分别之伤感,所谓"此时无声胜有声"是也;但关氏笔下的"有声",却较"无声"毫无逊色,且令人读来"别有一番滋味在心头"。关键在于,作品中女主人公的话语被处理成一断一续。"保重将息"与"好去者望前程万里"之中夹一句"痛煞煞叫人舍不得"的叙述。而"痛煞煞"又"舍不得"的,是送者,亦是行者。送别的场面正是这样,送行人"眼阁着别离泪",而游子,又何尝不是透过晶莹的泪膜在凝望着恋人的泪眼呢?真所谓"搁泪眼望搁泪眼,断肠人送断肠人"。也许正因为意识到"保重将息"过于缠绵而使对方不堪,送行女子这才提高嗓音补了一句勉励:好好去吧,愿君前程万里。她是有意把话转移到这唯一令人振奋的题目上来的。这是她的祝愿,亦是淡释离恨的唯一心理助剂。

全曲在送行女子的殷勤寄语中戛然而止。或许,她让情人跨马扬鞭,自己又在马背上加一巴掌,令其奋蹄而去?抑或是在语寄厚望之后,她干脆别转身去,径自先回了?好一个爽利的女子。好一幅爽利的饯行画面。好一首爽利的小曲。大凡有过同类经验的人都知道,离别不惧速就怕慢,只须一拖,便势必会有"今宵酒醒何处？杨柳岸、晓风残月”的落寞，甚至有“此去经年，应是良辰好景虚设”的凄凉。拖沓于君无益，更何况夫君是去追赶前程的。也许正因这一点，这首小令获得了使柳永的《雨霖铃》“不能专美于前”（梁乙真《元明散曲小史》）的评价，因而成为关氏小令的代表作，受到各散曲选家的青睐。

（翁敏华）

〔双调〕沉醉东风

原文

忧则忧鸾孤凤单，愁则愁月缺花残。为则为俏冤家，害则害谁曾惯？瘦则瘦不似今番，恨则恨孤帏绣衾寒，怕则怕黄昏到晚。

鉴赏

这首小令写女主人公与心爱的情人离别之后那种茕独凄惶的幽恨和刻骨相思的愁绪。

开头两句写离后的孤独凄凉。妙在两个比喻能暗中唤起对昔日恩爱欢聚的美好回忆，而与今日之景况形成鲜明对照：从前情爱甚笃，鸾凤和鸣（鸾凤：凤凰一类鸟，古人常用以喻夫妻），今日却劳燕东西，鸾孤凤单；从前是花好月圆，良辰美景，今日是月缺花残，四壁萧然。离合悲欢，迥乎霄壤；抚今追昔，能不令人销魂断肠？故以“忧则忧”“愁则愁”的重叠句法，来反复加强这忧伤离愁的感情分量；其中又隐含着对未来的希望：何时才能再度鸾凤比翼、月圆花好呢？两句用了对偶（合璧对）、比喻、重叠三种修辞手法，只写眼前，却能包前孕后。

三四两句写离后的相思哀怨。“俏冤家”是对她心爱情人亲昵的称呼。“俏”，表明男方的俊俏可爱；“冤家”，本是咒语，意谓对头，一般也用作对情人的昵称，义亦兼含幽怨。“害”：指害相思。“谁曾惯”：何曾过惯。两句是爱与怨的交织，因为害相思的熬煎正是“俏冤家”离去所致，故聚时爱得越热，离后也怨得越深。“谁曾惯”，既明含哀怨，又点明她以往不曾经受过这种熬煎，破题儿头一遭领略这相思的滋味，当然使人不堪，难以习惯。两句由昵爱而生相思，由相思而生哀怨，曲尽闺妇心灵深处复杂细腻的感情波折。

第五句写其形容消瘦憔悴，是前四句内心忧、愁、爱、害折磨的外化结果。柳永曾有名句：“衣带渐宽终不悔，为伊消得人憔悴。”（《凤栖梧》）关氏此句除兼包柳词二句之义外，更强调这种消瘦是以往从未有过的；以往虽偶有短暂相思，但旋即能欢聚，不似今番之长期离别，欢聚难期。故今番瘦之甚是平生空前的；而“瘦”又是忧、愁、爱、害所致，故今番的忧、愁、爱、害也是空前的。

六七句写其既恨且怕的心理。孤单一人，独守深闺，空空荡荡，惟有冷清清的罗帏和绣花被；黄昏降临，长夜难眠，形单影只，将怎样熬到天明！“独坐黄昏谁是伴，怎叫红粉不成灰”！这种孤寂凄凉的生活怎能不令她既恨且怕呢？“恨”，是忧、愁、爱、怨的递进深化；“怕”，是感情波澜的高峰浪尖。它使人想到：日日如斯，夜夜如此，这孤独、寂寞、凄凉、可怕的日子何时告了？

此曲属重句体，通篇多用同样口气的重叠句法，从各个侧面反复铺排，淋漓尽致地渲染出离情别绪的浓度。通篇无一景语，纯系抒发人物内心世界的矛盾冲突，不仅语语真切，令人沉醉感动，而且感情线索极有层次：忧、愁、怨、害、恨、怕，层层递进，步步深化，而核心和基础却是爱，诸种情愫皆由爱所生。“瘦”则是诸种内在感情作用的外化结果，亦由爱所致。王国维云：“境非独谓景物也，喜怒哀乐亦人心中之一境界。”（《人间词话》）此曲正是通过层层揭示人物心灵深层的一系列心理状态，一个痴情笃爱，茕独凄惶的思妇形象便活脱脱跃然纸上,呼之欲出。语言虽通俗浅易却包孕深厚,句法虽重叠却极富于变化。其缠绵悱恻确“如琼筵醉客”(《太和正音谱》)。

(熊 笃)

〔双调〕碧玉箫

原文

秋景堪题，红叶满山溪；松径偏宜，黄菊绕东篱。正清樽斟泼醅，有白衣劝酒杯。官品极，到底成何济！归，学取他渊明醉。

鉴赏

这首小令描写了秋山景色的绚丽宜人，诗人游山的诗酒豪兴和由此而生的归隐之叹，表现出作者对大自然的热爱和对污浊现实的不满。

开篇首句，即豪情满怀，气盖全篇；一连四句，展现出秋山壮丽景色：正是金风玉露的季节，诗人载酒游山，但见漫山遍野，枫叶流丹，层林尽染，状如云锦彩霞，宛如熊熊红火。杜牧曾有“霜叶红于二月花”之句，的确，这火红的枫叶，比起那万紫千红的春色怕也毫不逊色罢。那山溪的泉水，淙淙作响，清浅澄澈，倘喝上一口，定然清香扑鼻，令人心醉。那苍劲的青松，在草木摇落中显得愈加挺拔苍翠，令人想起陶潜的赞美：“凌霜殄异类，卓然见高枝。”（《饮酒》）故尔漫步于苍松之下的小径上，尤觉神清气爽，高洁宜人。再看大地，金灿灿的菊花正迎霜裛露盛开，宛如团团黄金锦绣，盘绕菊园。难怪陶潜曾再三赞美：“秋菊有佳色，裛露掇其英”；“采菊东篱下，悠然见南山。”（同上）火红的枫叶，金黄的菊花，色彩鲜艳明丽；清浅的山溪，幽邃的松径，氛围清新秀美。

秋景如画，自然会使诗人逸兴遄飞，顿生灵感，欣然而叹“秋景堪题”了。作者一反诗词中草木摇落，红衰翠减，肃杀凄凉的悲秋情调，而以乐观豪情去写秋景的磅礴绚丽和沛然生机。且景中寓情：红叶、山溪，皆林泉之士所爱，红叶可题诗，可烧火煮酒；山溪可酿酒，又可供垂钓。苍松、黄菊，凌霜傲雪，经久不凋，象征超尘拔俗，志洁行芳，而为陶潜所赞。凡此皆为下文“学渊明醉”张本。而“堪题”“偏宜”，赞美之情亦溢于言表。四句用隔句扇面对偶，写得有声（溪）、有色（红、黄）、有态（满、绕）；景致描绘又极有层次：一二句写全景，是出乎其外，三四句写局部，是入乎其内，绘出一幅绚丽多娇的秋山图。

五六句写开怀畅饮的豪兴。泼醅：通酦醅，一种重酿和未过滤的乡村家常酒。白衣：犹言布衣，指未作官者。值此绚丽宜人的秋景，正该让清樽斟满，开怀痛饮；难得与一伙布衣朋友相聚，正可举觞相劝。清樽、泼醅、白衣、酒杯，这些意象，又隐含着安贫乐道，浮云富贵，笑傲王侯之意。

末尾四句一转，正面抒发不屑仕进的归隐之情：出仕做官，纵然品级升到极限，最终能会有什么救助呢？意即亦无济于事的。故不如学陶渊明归隐，以醉消忧。本来，关汉卿何尝不想兼济天下呢！但处于这样的时代，统治者昏庸暴虐，杜绝贤路；官场黑暗险恶，阴谋倾轧；正直之士又不愿同流合污。所以作者发出了绝意仕进，愤世嫉俗的呼声。然而这毕竟只是愤激之词，事实上终其一生，他并未消极归隐，而是正视现实，紧握笔杆，创作杂剧，在仕隐两途之外开辟一条新路，度过了他战斗的一生。

此曲风格豪辣灏烂。写秋天之景而意象绚丽壮阔，不着悲凉肃杀语；抒归隐之情，亦豪迈旷放，毫无人生如梦、及时行乐之颓唐情调。且对偶精美自然，音律畅适和谐，特别是此曲末句，平仄既切合音律"第一着"末二字用"平去"，抒情又十分自然地顺理成章，堪称声文并茂。

（熊　笃）

〔双调〕 大德歌 春

原文

子规啼，不如归，道是春归人未归。几日添憔悴，虚飘飘柳絮飞。一春鱼雁无消息，则见双燕斗衔泥。

鉴赏

《春》这支小令，首二句“子规啼，不如归”，既状景物，兼点时令。意思是讲：春天的杜鹃鸟（即子规鸟）啼叫了，啼声好像在说“不如归去”。子规鸟的啼叫声，声声都响在闺中少妇的耳旁，回旋在闺中少妇的心上，因而深深触动了她怀念远人的情怀。故第三句便落笔到“道是春归人未归”。意思是讲：你走的时候对我说过春天就归来，而今春天已到，却不见你的踪影。话语之间，似乎已微露出少妇对远人的不满。正由于盼人不至，心烦意乱，精神饱受折磨，于是才又引出“几日”两句对少妇愁苦的描绘。“几日添憔悴”，是说她近日的面色已显得枯槁瘦弱，憔悴多了。这是从外形上描绘少妇的愁苦。接着又进一步从内部揭示少妇心灵上的创伤。“虚飘飘柳絮飞”，表面写的是景，实际是借喻少妇的心理状态。少妇因情侣久去不归，在外是凶、是吉、是祸、是福，都不得而知，怎不令人担心：因而心绪不定，忽上忽下，正像虚飘飘的柳絮，漫天飞扬，无所适从。作者这样从外而内两个方面刻画，便把一个愁苦的少妇写得真实感人。柳絮杨花，又正是暮春的景象，作者从中又巧妙地暗示出少妇在等待中度过了一个漫长的春天，同时也使下句的“一春”二字有了依据。既然少妇一等再等，结果九十春光已过，不仅人未归，连信息也没得到，最后就不能不伤感地明确点出“一春鱼雁无消息”了。在这七个字中，虽未着一“思”字，而少妇思念远人的炽烈感情已溢于言表。不用说，这时的少妇痛苦已极，凄迷纷乱，百无聊赖。妙的是作者却未从正面明白写出这种感情，而是宕开一笔，用“则（只）见双燕斗衔泥”加以反衬。显然，“燕”为“双燕”，它们又为筑巢而比赛着衔泥。此情此景，和孤居独处、落落寡欢的少妇适成鲜明的对照，怎不使人又添几分苦涩呢？意在言外，忧思无穷，真可谓“此时无声胜有声”了。

本曲开头以子规鸟的啼叫引起少妇的思念，用的是起兴手法。中间写闺中少妇的离别之苦，由表及里，层层深入。最后又以双燕衔泥反衬一春未得信息的少妇的孤独之苦。全篇紧紧围绕一个“春”字，从各个侧面描绘，突出了少妇的思念。行文上惜墨如金，不蔓不枝。

（王学奇）

〔双调〕 大德歌 夏

原文

俏冤家，在天涯，偏那里绿杨堪系马！困坐南窗下，数对清风想念他。蛾眉淡了教谁画？瘦岩岩羞带石榴花。

鉴赏

这支小令，是写少妇对远方情人的猜疑和抱怨。远方的情人是怎样一个人呢，开头一句便写道：他是个“俏冤家”。“冤家”，是妇女对情人的昵称，已经够可爱了，又冠之以“俏”，更令人迷恋。可如今他远走天涯，一去不归，怎能不叫人怀疑。第三句，“偏那里绿杨堪系马”，更明显地由怀疑流露出抱怨的情绪。如把前三句连起来，意思就是说：我那心爱的人儿，远在天涯，你怎么在外贪恋新欢，而偏偏不愿回家呢！“偏”在这里用作副词，表示发生的事，与所期待的恰好相反。故下一“偏”字，便把少妇爱极而怨深的感情反映得淋漓尽致。“绿杨堪系马”句，一语双关，既点明夏日的时令，又比喻滞留异地、拈花惹草的负心郎。其实，在远方作客的情人未必如她所猜想的那样，这或许是少妇的“多虑”吧！而“多虑”也正是一种情深爱笃的表现。故虽抱怨，却并未弃绝。因此下文“困坐”“数对”两句，又表现为万般慵懒、无所事事，只有一次次面对清风倾吐自己对远人的情思，大有“不思量，自难忘”，摆不脱，丢不开之苦。故这两句，虽看似平淡无奇，实则大有深意，它进一步刻画出少妇对远人思之弥深、爱之弥笃的感情。而少妇究竟“思念他”什么呢？下文就是给我们的答案：“蛾眉淡了教谁画？”这是少妇借汉代张敞为妻画眉的故事来表示她对夫妻恩爱生活的回味和渴望。然而好事难成，希望终无由实现，以致愁得“瘦岩岩羞带（戴）石榴花”。“瘦岩岩”，瘦骨嶙峋貌，它比“憔悴”状瘦弱不堪之状，更具体，更形象。“羞带（戴）石榴花”句中的“羞”字，尤为传神之笔，它既含戴花与体貌不相称的自我嘲讽之意，又表露出戴花无人欣赏的寂寞。古人说：“女为悦己者容”，这里暗化此意，且更形象生动，活画出少妇难以言状的复杂的心理状态。

本曲首句“俏冤家”，是统领全篇的关键句。少妇的思念、怀疑以致抱怨，都由此而发；少妇对她们过去美满生活的回味和对未来生活的憧憬，以及“为悦己者容”的心理，也是以此为依据。故全篇所言少妇的表现，都和“俏冤家”紧紧挂钩。句句落实，没有一句是闲笔。

（王学奇）

〔双调〕 大德歌 秋

原文

风飘飘，雨潇潇，便做陈抟睡不着。懊恼伤怀抱，扑簌簌泪点抛。秋蝉儿噪罢寒蛩儿叫，淅零零细雨打芭蕉。

鉴赏

这首《秋》和《春》《夏》两支小令，都写少妇的烦恼，都是因为“人未归”而引发的，如果把它们当作组诗看，《秋》便是前两首的继续，是因“人未归”而引发的更大的烦恼，故“懊恼伤怀抱”，便成为本曲表现的重点。“风飘飘，雨潇潇”，是说风雨交加，突然而至，声势咄咄逼人。这开头两句，就给脆弱的少妇带来很大压力。常言“秋风秋雨愁杀人”，况忧心忡忡的少妇值此闷人天道，又如何禁受得了！心绪不宁，夜难成寐，所以第三句就说“便做陈抟睡不着”。这是借唐五代时在华山修道的陈抟（传说能一睡百日不醒）的故事，极言少妇被哀思愁绪煎熬着，说她即使做了陈抟，也难以入睡。忧思如此之深，终至烦恼、悔恨、伤心、落泪。所以第四五句又写道：“懊恼伤怀抱，扑簌簌泪点抛。”如果说在《春》《夏》两支小令里，尚局限于由于忧思而形容憔悴、瘦骨嶙峋的话，那么在《秋》这支小令里，她的忧思就势如潮涌，终于冲决感情的堤坝，伤心的泪水滚滚而下了。不言而喻，“扑簌簌泪点抛”，就是对这位女主人公的悲凉心境的具体展现。最后两句“秋蝉儿噪罢寒蛩儿叫，淅零零细雨打芭蕉”，作者又借外界的景物，强烈地衬托出女主人公的孤独、寂寞和难以言喻的久别之苦。此时此刻，窗内：枕冷衾寒，形单影只；窗外：秋蝉寒蛩，轮番聒噪。窗内：泪如泉涌，揩不干，擦不净；窗外：细雨敲打着芭蕉，连绵不断。这一切都融化在一起，物我不分，从而使女主人公的离思之苦得到了充分的表现。大有“但闻四壁，虫声唧唧，如助余之叹息”（欧阳修《秋声赋》）和“梧桐声，三更雨，不道离情正苦；一叶叶，一声声，空阶滴到明”（温庭筠《更漏子》）之境界。

本曲从秋景写起，又以秋景作结，首尾照应，结构完整。中间经过由物及人、又由人及物的转换，情景相生，交织成篇，从而加强了人物形象的真实感，大大提高了艺术感染力。

（王学奇）

〔双调〕大德歌 冬

原文

雪纷纷，掩重门，不由人不断魂！瘦损江梅韵，那里是清江江上村！香闺里冷落谁瞅问？好一个憔悴的凭阑人！

鉴赏

这支小令，多一半反映的都是闺中少妇绝望的心情。开头两句“雪纷纷，掩重门”，是说年冬腊月，大雪纷飞，掩蔽重门，造成交通阻塞的困难，远行人就更不易归来了，少妇如何不为之心碎！在这个时候，要表露少妇的感情再也容不得半点含蓄，因此第三句便直抒胸臆，明白写出了“不由人不断魂”的惨痛诗句。“断魂”，乃极喻少妇悲观失望，痛苦欲绝之词。这种令人肠回九转的颓丧情绪，由作者所下“不由人”三字表现得更为强烈和无法控制。少妇的绝望到了如此程度，其精神所受折磨之深可以想见。故第四句“瘦损江梅韵”，又借江上梅花瘦得不成样子，已失掉往日的风采，来比喻少妇因愁苦而瘦削不振的形貌，这较之前曲《夏》中的状词“瘦岩岩”更形象、更生动、更引人注目。第五句“清江江上村”，是化用辛弃疾《菩萨蛮》：“郁孤台下清江水，中间多少行人泪”等词句所表现的意境，进一步形象地表达了“凭阑人”凄清孤寂的悲痛心情。至此，少妇便脱口发出“香闺里冷落谁瞅问”的慨叹。少妇处此绝境，似乎一切都已破灭，其实，她并未被这一切所压倒，内心的希望之火，仍在燃烧。尽管风狂雪骤，身体瘦弱不堪，仍勉力支撑着凭阑远望，要“望断天涯路”。故最后一句“好一个憔悴的凭阑人”，一扫上文所言绝望的情绪，显示出一个少妇对爱情的执着追求和坚强的性格。“好”字意义双关，下的非常妙，它似是修饰“憔悴”，有“很”“太”等意，寄寓着作者深厚的同情，但也有更多的赞赏之意。有此一句，才显示出本曲精妙之所在，它可以使全篇的消沉气氛为之一振。

本曲在结构上，采用的是前后矛盾对立的写法。前面几句写的都是少妇无可奈何的绝望心情，经彩笔左涂右抹，色调越来越浓，似乎已绝望到底，而最后一句，则急转直下，一反常态。这样，先抑后扬，更富有吸引人的艺术魅力。

（王学奇）

〔黄钟〕侍香金童

原文

春闺院宇，柳絮飘香雪。帘幕轻寒雨乍歇，东风落花迷粉蝶。芍药初开，海棠才谢。

〔幺〕柔肠脉脉，新愁千万迭。偶记年前人乍别，秦台玉箫声断绝。雁底关河，马头明月。

〔降黄龙衮〕鳞鸿无个，锦笺慵写。腕松金，肌削玉，罗衣宽彻。泪痕淹破，胭脂双颊。宝鉴愁临，翠钿羞贴。

〔幺〕等闲辜负，好天良夜。玉炉中，银台上，香消烛灭。凤帏冷落，鸳衾虚设。玉笋频搓，绣鞋重撷。

〔出队子〕听子规啼血，又西楼角韵咽。半帘花影自横斜，画檐间丁当风弄铁，纱窗外琅玕敲瘦节。

〔幺〕铜壶玉漏催凄切，正更阑人静也。金闺潇洒转伤嗟。莲步轻移呼侍妾，把香桌儿安排打快些！

〔神仗儿煞〕深沉院舍，蟾光皎洁。整顿了霓裳，把名香谨爇。伽伽拜罢，频频祷祝：不求富贵豪奢，只愿得夫妻每早早圆备者!

鉴赏

这首套曲描写的是一个思妇对远别之夫刻骨铭心的思念。抒写离愁别恨,这是关汉卿散曲的一个重要题材。

套曲首先描绘了思妇生活的环境。在这个小小的庭院里,一阵春雨之后,帘幕间还略带着一点寒意。这时节,柳絮已开始飘散,芍药刚刚才开放,而海棠则业已凋谢了:粉蝶儿正在贪恋着那些被无情的东风吹掉的落花。花谢春归,这恰恰是最容易引起春愁的时节。

下面〔幺〕篇就转入对思妇的描写。“柔肠脉脉,新愁千万迭。”在这恼人的落花时节,新愁旧怨都一起涌上了思妇的心头。这新愁,就是指因百花凋零、春归人未归而引起的愁绪;这旧怨,就是指夫妻的分别所造成的痛苦。因而就自然地回忆起了夫妇当初离别的时刻,“偶记年前人乍别,秦台玉箫声断绝。雁底关河,马头明月。”夫妇二人在年前突然中断了琴瑟和谐的美满生活。丈夫千里关河,鞍马程途,餐风宿露,披星戴月,从此就远远地离开了她。

〔降黄龙衮〕一曲,具体描绘了丈夫的离别给思妇造成的痛苦。“鳞鸿无个,锦笺慵写。”丈夫一别之后,就音信杳无,居然连一纸书信也懒得动手写来。在这离愁别恨的折磨之下,她一天一天地消瘦了,松了金钏,减了玉肌,罗衣也显得更宽大了。整日以泪洗面,眼泪淹破了双颊上的胭脂。“宝鉴愁临”,自己形容憔悴,真不敢去照一照那面菱花宝镜;“翠钿羞贴”,良人未归,又有什么心情去梳妆打扮呢?

〔幺〕篇又进一步渲染了思妇的孤独与愁苦。“等闲辜负,好天良夜。”丈夫一去不回,把这良辰美景全都等闲辜负了。“等闲”二字,十分贴切地表达了思妇无限惋惜的心情。同时,这一句又领起下面对思妇孤独生活的具体描绘。“玉炉中,银台上,香消烛灭。凤帏冷落,鸳衾虚设。”在大好的春光里,本来应该是玉炉中香烟袅袅,银台上灯火通明,而现在却是香消烛灭。锦帏上描的是双凤齐飞,而锦帏中的人却是形只影单;衾枕上绣的是鸳鸯交颈,而鸳衾里的思妇却是独自孤眠。这些凤帏、鸳衾形同虚设,不但没有给他们的夫妻生活锦上添花,反而时时触发着思妇的孤苦寂寥之感,惹得她频频地搓手,不断地顿足。烦躁不安的心情简直无法平息下来!

接下来〔出队子〕曲,又从环境的描绘来表现思妇的辗转难眠。“听子规啼血,又西楼角韵咽。”关汉卿在〔大德歌〕《春》中写道:“子规啼,不如归,道是春归人未归。”子规那“不如归去”的啼声,一声声唤回春去,但是,“春归也奄然人未归”,所以,子规啼血的声音,再加上从西楼传来的幽咽的号角的悲鸣,就更增添了思妇的忧愁。她怎么能安然入睡呢?月光把花影横横斜斜地迭印在竹帘上,画檐间的铜铃铁马被风吹得丁当作响,纱窗外的瘦竹也被风吹得撞击有声,这是一个多么寂寞、冷清、令人窒息的环境啊!从“纱窗外琅玕敲瘦节”中的这个“瘦”字,人们不由得想到思妇那瘦岩岩的身体就是在这样凄苦的环境中受着煎熬。

最后〔幺〕篇和〔神仗儿煞〕这两支曲子,是写思妇祷祝的情景。“铜壶玉漏催凄切,正更阑人静也。金闺潇洒转伤嗟。”已经是夜深人静了，但思妇却仍然辗转反侧，难以入眠，那铜壶滴漏的声音使人更感到凄切。一个“催”字，形象地表明了更阑人静的冷落环境对思妇恶劣心情的巨大影响，使思妇因这索寞凄凉而更加感伤嗟叹。“莲步轻移呼侍妾，把香桌儿安排打快些！”因为是更阑人静，为了不惊动别人，所以是轻轻地移动莲步，悄悄地唤醒侍妾，叫她赶快把香桌儿安排好。“打快些”三字，用通俗的口头语言，表现了思妇情急难耐的心情。“深沉院舍，蟾光皎洁。”这是思妇祷祝的优雅环境。“整顿了霓裳，把名香谨爇。”表现了思妇祷祝的郑重与虔诚。她临祷前把衣裳又特地整顿了一番，小心翼翼、恭恭敬敬地把名香点燃。“伽伽拜罢，频频祷祝。”她深深地拜了一拜，不停地向神灵祈祷：“不求富贵豪奢，只愿得夫妻每早早圆备者！”她不求富贵豪华，其他什么要求也没有，唯一的希望是夫妻早早团圆，充分地表达了这个思妇对丈夫的急切盼望之情，表现了她对爱情的诚挚和忠贞。

关汉卿的这套曲子，笔酣墨饱，自始至终，写得挥洒淋漓，感情真切。首曲起句“春闺院宇，柳絮飘香雪”，描写暮春景色，就非常清新、雅致。中间〔幺〕篇、〔降黄龙衮〕、〔出队子〕等五支曲子，采用了排比、夸张、形容等艺术手法，反复地、尽情地渲染思妇寂寞、冷落的生活环境和孤独、忧伤的心理状态，给人以饱满、浩荡的感觉。比如秦台玉箫、鳞鸿锦笺、铜壶玉漏、子规啼血这些常用来描写思妇幽怨的故实，更阑人静、香消烛灭、凤帏冷落、鸳衾虚设、花影自横斜、丁当风弄铁、琅玕敲瘦节等常用来表现思妇孤栖生活的环境描写，这里都一一用到了。由于切合内容，并不显得堆砌。一般的文艺作品都常常用身体的消瘦来表现思妇忧愁的沉重，这里，对思妇身体的瘦损也作了详尽的描绘：“腕松金，肌削玉”“宝鉴愁临”“罗衣宽彻”。曲子如此反复地尽情地渲染，造成一种愁云迷雾的气氛，一个情景溶浑的艺术境界，从而把思妇思念之深、思念之苦、思念之切都表达得淋漓尽致。尾句“只愿得夫妻每早早圆备者”，结得自然而响亮，具有振起全篇精神的作用。思妇的一切思念，一切希望，最后都归结到这一句祝辞上。这是在经历了种种熬煎之后发自思妇肺腑的强烈呼告！读到这里，谁都会为思妇的不幸遭遇深表同情，并为她的诚挚和痴情所感动。

（刘益国）

〔南吕〕 一枝花 赠朱帘秀

原文

轻裁虾万须，巧织珠千串。金钩光错落，绣带舞蹁跹。似雾非烟，妆点就深闺院，不许那等闲人取次展。摇四壁翡翠浓阴，射万瓦琉璃色浅。

〔梁州〕富贵似侯家紫帐，风流如谢府红莲，锁春愁不放双飞燕。绮窗相近，翠户相连，雕栊相映，绣幕相牵。拂苔痕满砌榆钱，惹杨花飞点如绵。愁的是抹回廊暮雨萧萧，恨的是筛曲槛西风剪剪，爱的是透长门夜月娟娟。凌波殿前，碧玲珑掩映湘妃面，没福怎能够见。十里扬州风物妍，出落着神仙。

〔尾〕恰便似一池秋水通宵展，一片朝云尽日悬。你个守户的先生肯相恋，煞是可怜，则要你手掌里奇擎着耐心儿卷。

鉴赏

这套曲是关汉卿题赠给当时著名的戏曲女演员朱帘秀的。它构思奇绝而巧妙，感情真挚而热烈。从表面上看，曲子句句咏珠帘，实质上是处处写人——帘秀，于不尽含蓄中流露出款款真情，表达出伟大的戏曲作家对一位天才女演员的关怀与爱惜。套曲感情微妙，使人们看到了一代戏曲作家与女演员之间亲密的关系，可以说，它不仅是一套风格独特的散曲作品，而且是古代戏曲史上极为珍贵的文献资料。

元代女演员艺名多有一个“秀”字，这大约是一种风气和习惯，朱帘秀也不例外。《青楼集》上说她“行第四”，因此田汉写话剧《关汉卿》称其为“朱四姐”。《青楼集》上还说：“杂剧为当今独步；驾头、花旦、软末泥等，悉造其妙。”可见朱帘秀能工多行，戏路是很宽广的。她与当时著名的戏曲作家、散曲作家如卢挚、冯子振、胡祗遹等多有交往。卢、冯、胡三人也都有词曲赠朱帘秀。

本套曲由三曲组成，首曲〔一枝花〕集中描写了朱帘秀技艺的高超和风姿的秀美。

首二句以帘卷和珠灿来比喻朱帘秀的光彩照人，并突出了她歌喉的珠圆玉润。“虾须”，是竹帘或缀珠之帘的别称，因帘幕卷曲，状似虾须卷缩，故有此称。陆畅《帘》诗云：“劳将素手卷虾须，琼室珠光更缀珠。”冯海粟赠朱帘秀的〔鹧鸪天〕亦有“虾须瘦影纤纤织，龟背香纹细细浮”句。古人又常以成串珠玉以喻音乐和歌声，所以，首二句破题咏帘，又暗寓对朱帘秀姿容和嗓音的赞美。“金钩光错落”二句，明是写帘幕辉光闪烁，临风飘动，实则可以理解成是赞美朱帘秀四座皆惊的漂亮扮相和袅袅娜娜的舞姿。金钩、绣带既是帘幕的附属品，又暗寓戏曲演员行头上的装饰物，用意之巧是令人绝倒的。接下来的“似雾非烟”三句，写到了帘的缥缈轻摇，及其妆点效果、实用功能，自然地使人联想到，上场口的帘幕好似烟笼雾漫，化好妆的女演员犹如神女仙姬将飘然而出。“不许”句表面上是说不允许寻常人随意伸手卷帘，实际上是说演员在酝酿感情，蓄势待发，何时破帘而出得有个“火候”，无须旁人操心。三句写出了舞台上特定的环境，也写出了演员扮相之美丽，技艺之高超。最后两句，表面上是写珠帘乍展开来时的光彩夺目，说它摇动起来，四壁如同披上翡翠的绿阴，它的光彩使金色的琉璃瓦也黯然失色。而暗寓的却是演员出台亮相时的姿容，色艺俱绝，满堂喝彩。

〔一枝花〕曲整个是对人物出场的铺垫，反复比喻，再三呼唤，终于，人物出场亮相了。有趣的是字面全是写珠写帘，未着一字写人，然又无处不是写人，所有的巧譬妙喻，都是自然地扣住了“人”来进行的。这支曲可以看作是序曲，下面还要更细致地展开描写，进一步以含蓄的手法刻画人物。

〔梁州〕是套曲的主体部分，关汉卿以特殊的手法，曲折表达了他对朱帘秀真挚的倾慕之情，其中还夹杂着苦痛和酸楚。首二句，写帘的华美与高雅。“侯家”“谢府”，出处未详，指的是公侯之家、高门世族却是很明显的。或以为东晋时显贵侯景欲向王、谢那样的高门世族求婚，皇帝以为侯家尚配不上王、谢，叫侯议婚于朱、张以下姓氏，“侯家”“谢府”当指此。“紫帐”“红莲”均指帘。“锁春愁”句承“风流”二字而来，写朱帘秀的爱情生活，“不放双飞燕”，是说帘儿拢住燕子，隐指帘秀与一男子的两情欢洽。接下去的四句都是写两人的浓情蜜意。这男子是谁？或许就是指关汉卿，也有可能指另外一个人。

“拂苔痕”二句，是说珠帘摆动、飘拂，引逗得台阶上洒满榆钱；杨花飞絮，也像是被珠帘牵惹一样，漫庭飞舞。榆钱即是榆荚，形似铜钱，故有此俗称。这两句可能是以榆钱和柳絮飘落扑帘，暗示轻薄子弟对帘秀的欺凌、侵扰。他们恃仗钱财，妄图来追欢买笑，帘秀冷落了他们，遂惹来蜚短流长的谣言或攻击。下面三句，用“愁的”“恨的”“爱的”冠在句首，进一步写出了帘秀的好恶、爱憎，突出了她尚雅图静的心情，以及对恶浊社会空气的深恶痛绝。当然，表面上仍是写帘，而暮雨西风显然是有所指的。三句中“抹”“筛”“透”三个字用得极巧，看似随手拈来，实是精心遴选而成，它们生动地表现了雨势、风态和月色。“暮雨潇潇”“西风剪剪”“夜月娟娟”等，词面很美，细味又含无尽凄楚，很是耐人寻味。剪剪，形容风声飒飒而带有寒意。韩偓《夜深》诗云：“恻恻轻寒剪剪风，小梅飘雪杏花红。”长门，本是汉宫名，此泛指宫室门户。这三句借帘外自然界的变化暗示帘中人孤独寂寥，同时隐隐透露出帘秀思想感情的起伏变化，揭示了她的苦闷、凄凉和月光般高洁的品格。

“凌波殿前”等三句，又抽笔写珠帘之美。凌波殿，即凌波宫，唐代宫室名，此泛指水池边殿堂。《太真外传》上说，玄宗在东都宫中昼寝，梦见一女，容貌美艳，言称是凌波池中龙女。“碧玲珑”句是说清澈的池水倒映出珠帘的影子。玲珑，形容池水清亮明澈。湘妃，指传说中湘水女神娥皇、女英，她俩都是舜的妃子，舜南巡死葬苍梧山，二妃悲泣的泪水滴在竹上，竹上遂有斑痕，也就是后人所称之湘妃竹，用此竹制成帘子，叫湘帘。这里是以水中帘影的虚幻，表示今后不能再见到帘中人的苦闷，因此后面紧接一句，“没福怎能够见”。朱帘秀后来在杭州嫁给一个道士，婚姻上是很不幸的，可能是迫于无奈吧。这样看来套曲很可能是赠别的，实际上是关汉卿在用散曲和她诀别，个中分明潜藏着无尽的悲戚。结二句借杜牧《赠别》诗意来赞美朱帘秀的人才出众，色艺俱佳。

杜牧诗云:“春风十里扬州路,卷上珠帘总不如。”(《赠别二首》)

〔尾〕曲诀别意味更为浓重。别时难分难舍,相见更是难上加难。作者仍然扣住帘来写一朝别离的苦涩。这帘像“一池秋水”,似“一片朝云”,得到它的人,应该倍加爱惜呀!元代称道士为先生,守户先生,当指娶帘秀的那个道士。关汉卿像是默念,又像是祈祷,祝愿帘秀的丈夫能对她好,将她擎在手里,保护她,怜爱她。这〔尾〕曲读来令人酸鼻。

这支套曲是关汉卿套数中的用力之作,格调恣纵、奔放,才气横溢,有酣畅淋漓之美;写法典丽而未至于浓艳,华美却不伤于雕镂。它一如关汉卿本色风格,感情上始终是诚挚而恳切的。

(王星琦)

〔南吕〕 一枝花 杭州景

原文

普天下锦绣乡，环海内风流地。大元朝新附国，亡宋家旧华夷。水秀山奇，一到处堪游戏，这答儿忒富贵[①]。满城中绣幕风帘，一哄地[②]人烟凑集。

〔梁州第七〕百十里街衢整齐，万余家楼阁参差，并无半答儿[③]闲田地。松轩竹径，药圃花蹊，茶园稻陌，竹坞梅溪。一陀儿一句诗题，一步儿一扇屏帏。西盐场便似一带琼瑶，吴山色千叠翡翠。兀良[④]，望钱塘江万顷玻璃。更有清溪、绿水，画船儿来往闲游戏。浙江亭[⑤]紧相对，相对着险岭高峰长怪石，堪羡堪题。

〔尾〕家家掩映渠流水，楼阁峥嵘出翠微，遥望西湖暮山势。看了这壁，觑了那壁，纵有丹青下不得笔。

〔注〕

① 这答儿：这地方。忒：很，太。

② 一哄地：形容热闹的样子。
③ 半答儿：半片，半块。
④ 兀良：表示指点或惊叹的语气词。
⑤ 浙江亭："浙江亭在钱塘旧治南，到县一十五里。"(《乾道临安志》)

鉴赏

唐宋以来，对杭州风景的歌咏可以说是代有名篇，白居易的《钱塘湖春行》、苏轼的《饮湖上初晴后雨》、柳永的《望海潮》等，都是脍炙人口之作。关汉卿这套散曲，充分发挥套曲这种形式适于铺叙的特点，抒发了自己对杭州景物的切身感受，笔墨饱满，兴致酣畅，显示出不同于前人的新的特色。

关汉卿是在元朝统一全国后不久来到杭州的。这座"东南第一州"，在经历过战争的创伤之后，经济已基本得到恢复。生于北国、长于北国的关汉卿，对于民物康阜而兼有湖山之胜的古城杭州，早已心向往之，今日一睹丰采，果然名不虚传。〔一枝花〕就写出了作者这样的感受。诗人在热情称颂杭州是饮誉海内的风流锦绣之乡的同时，还点出它是大元朝新归附的国土，刚灭亡不久的宋朝的旧日疆域("华夷"即指疆域，因为它包括少数民族地区)。这里略有一点凭吊兴亡之感。作者对杭州的印象，分而析之，有这样两方面：一是山奇水秀，所到之处皆堪游赏；二是繁华富庶，人烟稠密，热闹非凡。以下〔梁州第七〕、〔尾〕二曲便抓住这两方面进行铺叙，但又不是截然分开，而是把湖光山色与楼影人踪交融在一起写。诗人觉得自己游踪所至，每一处(一陀儿)都值得题上清丽的诗句，每一步都变换出一扇天然的画屏。作者这样写，并非泛泛的赞叹之辞，而是抓住了杭州风景处处皆可入诗入画的特点。《西湖老人繁胜录》曾记金国使者游览杭州，“递之指点，回头看城内山上，人家层层叠叠，观宇楼台参差，如花落仙宫”，使者赞叹不已，“争说城里湖边有千个扇面”。关汉卿的感受与他们类似，但采用艺术语言加以表达，给人的印象也就更深刻了。

从莽莽北国初到秀丽的江南，使人精神一爽的，当然首先是那随时映入眼帘的葱茏之色。正由于此，关汉卿笔下的这幅杭州风景长卷便以青绿作为基本色调。从近处看，苍松如盖，掩映着亭台；蜿蜒而上的石径，一直伸展到竹荫深处；名目繁多的草药，布满山坡的茶丛，无不一望郁郁葱葱。从远处看，吴山山色青如千叠翡翠，钱塘江水碧似万顷玻璃，更何况到处是清溪，是绿水，而户户人家，栋栋楼台，也都掩映于这碧云翠霭之中。

除青绿色外，诗人也绝没有忘记把大自然其他丰富的色彩呈现在读者面前。“花蹊”这一笔，就能引起读者丰富的联想。杭州花的品种蕃盛，如果你是在暮春时分漫步花径，就会欣赏到“牡丹、芍药、棣棠、木香、荼蘼、蔷薇、金纱、玉绣球、小牡丹、海棠、锦李、徘徊、月季……种种奇绝”（《梦粱录》），真可谓姹紫嫣红，美不胜收。那疏影横斜、流水清浅的梅溪，却又别具一种风致。而西盐场（南宋时杭州有十二个盐场，见《梦粱录》）所晾晒的盐，恰似一条白色的玉带，也在青山绿水之间抹上了富有色彩的一笔。至于那荡漾于清波之上的大小画船，其色彩也是不拘一格的。特别是那依山而筑的楼阁，能使你于层峦耸翠之中蓦然瞥见“飞阁流丹”（王勃《滕王阁序》语），领略到“万绿丛中一点红”的意趣。

诗篇至此，作者已经挥洒生花妙笔，把如诗如画的杭州风光展现在读者面前，令人赏心悦目。但结尾诗人却又啧啧兴叹，说可惜自己没有画笔，而纵使有画笔，也不能描绘杭州山水之美于万一。全诗便在这赞叹声中戛然而止，给读者留下了无穷的回味与向往。

（赵山林）

〔南吕〕一枝花 不伏老

原文

攀出墙朵朵花，折临路枝枝柳[1]。花攀红蕊嫩，柳折翠条柔。

浪子风流。凭着我折柳攀花手，直煞得花残柳败休。半生来折柳攀花，一世里眠花卧柳。

〔梁州〕我是个普天下郎君领袖，盖世界浪子班头。愿朱颜不改常依旧。花中消遣，酒内忘忧。分茶，攧竹；打马，藏阄[2]。通五音六律[3]滑熟。甚闲愁到我心头。伴的是银筝女银台前理银筝笑倚银屏，伴的是玉天仙携玉手并玉肩同登玉楼。伴的是金钗客歌金缕捧金樽满泛金瓯[4]。你道我老也，暂休。占排场风月功名首，更玲珑又剔透。我是个锦阵花营都帅头[5]，曾玩府游州。

〔隔尾〕子弟每是个茅草冈、沙土窝初生的兔羔儿乍向围场上走[6]；我是个经笼罩、受索网、苍翎毛老野鸡蹅踏的阵马儿熟[7]。经了些窝弓冷箭蜡枪头[8]，不曾落人后。恰不道“人到中年万事休”，我怎肯虚度了春秋。

〔尾〕我是个蒸不烂、煮不熟、捶不匾、炒不爆、响珰珰一粒铜豌豆，恁子弟每谁教你钻入他锄不断、斫不下、解不开、顿不脱、慢腾腾千层锦套头⑨？我玩的是梁园月，饮的是东京酒；赏的是洛阳花，攀的是章台柳。我也会围棋、会蹴踘、会打围、会插科、会歌舞、会吹弹、会咽作、会吟诗、会双陆。你便是落了我牙、歪了我嘴、瘸了我腿、折了我手，天赐与我这几般儿歹症候。尚兀自不肯休。则除是阎王亲自唤，神鬼自来勾。三魂归地府，七魄丧冥幽。天哪，那其间才不向烟花路儿上走。

〔注〕

① 花、柳：皆指娼妓。
② 分茶：品茶。攧竹：画竹。打马、藏阄：两种博戏。
③ 五音：宫、商、角、徵、羽五个音级。六律：黄钟、太簇、姑洗、蕤宾、夷则、无射，是十二律中的阳声之律。
④ 银筝女、玉天仙、金钗客：均指妓女。金缕：即金缕衣，曲调名。金瓯：精美的酒器。
⑤ 锦阵花营：妇女群。都帅头：总头目。
⑥ 子弟每：嫖客们。兔羔儿：喻未经世故的青年子弟。围场：猎场，此喻妓院。
⑦ 阵马儿熟：有一套对付猎人的经验，此指狎妓经验。

⑧ 窝弓冷箭：伏弩、暗箭，此喻暗算。蜡枪头：喻中看不中用。

⑨ 锦套头：锦绳结成的套头，喻外美内狠的圈套；一说比喻情网，指妓女笼络客人的手段。

鉴赏

这套曲子是关汉卿散曲的代表作。由第一人称“我”直接出面，以通俗、诙谐、酣畅、滔滔若江河奔泻的语言，自我介绍，自我赞赏，自我调侃，从而塑造了一个特殊环境中的特殊人物形象，体现了“不伏老”的主题。

全套由四支曲子组成。〔一枝花〕只将“攀花”“折柳”两件事颠来倒去，变幻出各种句式，用以表现“浪子风流”，为人物性格定下了基调。以下三支曲子，则从各个方面、各个角度，刻画人物性格，表现这个“浪子”怎样“风流”。

〔梁州〕一曲，纵情地自夸自赞。自夸“分茶，攧竹；打马，藏阄。通五音六律滑熟”。当然很“风流”。自赞“我是个普天下郎君领袖，盖世界浪子班头”，“占排场风月功名首”，“我是个锦阵花营都帅头”，又比所有“风流浪子”更“风流”。这种“浪子风流”，按常情来说，是不值得、也不好意思自夸自赞的，而作者竟然不惜用极度夸张的词句加以赞美，这就很有认真思考的必要。我们知道，在元朝统治的黑暗社会里，正直的知识分子是没有出路的。其中一部分人，便和民间艺人结合，为他们写话本、编杂剧，用自己的笔揭露黑暗，鞭打邪恶，讴歌正义，反映人民的苦难、愿望和斗争。关汉卿就是其中的代表人物之一。他是“驱梨园领袖，总编修师首，捻杂剧班头”（贾仲明《凌波仙词》），甚至“躬践排场，面傅粉墨，以为我家生活，偶倡优而不辞”（臧晋叔《元曲选》）。这说明他已经不是正统的儒者，而是市民化的知识分子了，所以敢于夸赞“浪子”的“风流”。更重要的，则是以一种玩世不恭的形式，表现对黑暗统治的反抗。“花中消遣，酒内忘忧”两句，便泄露了此中消息。

〔隔尾〕一曲，用“子弟每（们）”的未经世面作陪衬，强调“我”是饱经磨难的。“经笼罩，受索网”，“经了些窝弓冷箭蜡枪头”，却“不曾落人后”。这充分表现了“我”的身世遭遇和顽强性格。如今虽然“人到中年”，仍不肯“虚度了春秋”，于是自然而然地引出下文。

〔尾〕曲是全套曲子最精彩的部分，真所谓“豹尾”。按照曲谱，首句是个七字句，作者竟加了十六个衬字，写成长达二十三字的名句“我是个蒸不烂、煮不熟、捶不匾、炒不爆、响珰珰一粒铜豌豆”，成为全篇点睛之笔。“铜豌豆”，据说是元代妓院中对老狎客的俗称，关汉卿用自嘲的口吻，表明他坚毅不屈，不是一般的铜豌豆。而对那些“钻入他锄不断、斫不下、解不开、顿不脱、慢腾腾千层锦套头”的“子弟每”，则用“谁教你”痛加呵斥，意在劝他们及早回头。“我玩的是……”一组排句，其中的地名不宜呆看，不过是说“我”玩的是最好的月、饮的是最好的酒、赏的是最好的花、攀的是最好的柳。“我也会……”一组排句，则说“我”多才多艺，举凡围棋、蹴球、打猎、歌舞、吹弹、吟诗等等，样样皆精。他把以上两组排句所说的玩月、饮酒、赏花、围棋、歌舞、吟诗等一系列爱好和技艺，统统称为“歹症候”，坚决表示：任凭受到落牙折手的残酷迫害，“这几般儿歹症候”也要坚持到底，至死方休。结句“那其间才不向烟花路儿上走”，一本作“那其间收了筝篮罢了斗”，似乎更好些。因为前面罗列的那许多“歹症候”，并不是“烟花”所能包括的。

这套曲子用了一些与妓院、狎客有关的词语，并且一开头就用“折柳攀花”“眠花卧柳”来形容“我”这个“浪子”的“风流”，容易带来消极影响。但只要结合特定的历史环境认真分析，就决不会以此为根据而否定这篇作品的审美价值。第一，这篇作品通过“我”概括了以作者本人为代表的“书会才人”们的某些性格特征。他们是出入于勾栏行院、与杂剧演员相结合的市民化了的下层知识分子，其思想作风，已经与正统儒者背道而驰。第二，尽情地夸赞封建统治阶级所讳言、所禁止的东西，具有以惊世骇俗的形式反对黑暗统治的意义。第三，紧承“人到中年”仍不肯“虚度春秋”的最后一支曲子，突出地表现了“不伏老”。而“不伏老”的具体内容，则是不肯放弃那些“歹症候”。稍加分析，便发现在作者罗列的“歹症候”中，有许多并不“歹”，而且诸如“插科”“歌舞”“吹弹”“吟诗”等等，都与创作杂剧和演出杂剧有关。把这一切都冠以“歹”字，说明连创作杂剧和演出杂剧都受到来自统治者的诽谤和打击。你说“歹”，我也不妨借用你的“歹”，这里饱含着作者的愤激之情。任你诬蔑为“歹症候”，“我”这“症候”是“天赐”的，“我”“兀自不肯休”，甚至不惜以“落了我牙、歪了我嘴、瘸了我腿、折了我手”为代价，其反抗性何等强烈！而“落了我牙……”一组排句，又暗示出“我”为了不虚度春秋，承受着多么巨大的社会压力！

这套曲子艺术上的独创性，在于用第一人称坦露胸怀的方式，塑造了元代社会所特有的市民化了的“书会才人”的形象，表现了不畏重压、不甘屈辱的铮铮硬骨和不肯虚度年华、坚持施展才艺的顽强精神。至于语言泼辣，大量运用排句，随心所欲的加入衬字，形成一种活泼、奔放的气势，则是关汉卿的散曲和剧曲共有的艺术风格。

（霍松林）

〔双调〕新水令（二十换头）

原文

玉骢丝鞚锦鞍鞯，系垂杨小庭深院。明媚景，艳阳天。急管繁弦，东楼上恣欢宴。

〔庆东原〕或向幽窗下，或向曲槛前，春纤相对摇纨扇，闲并着玉肩。欢歌《采莲》，对抚冰弦，赤紧的遂却少年心，如今便称了于飞愿。

〔早乡词〕正值着九秋天，三径边，绽黄花遍撒金钱。露春纤把花笑撚，捧金杯酒频劝，畅好是风流如五柳庄前[1]。

〔挂打沽〕我只见江梅驿使传，乱剪碎鹅毛片。我与你旋剖金橙列着玳筵，玉液向金瓶旋。酒晕红，新妆面，人道是穷冬，我道是丰年。

〔石竹子〕夜夜嬉游赛上元，朝朝宴乐胜禁烟。则俺这美爱幽欢不能恋，无奈被名缰利锁牵。

〔山石榴〕阻鸾凤，分莺燕，马头咫尺天涯远，易去难相见。

〔么篇〕心间愁万千，不能言。当时月枕歌眷恋，到如今翻作《阳关》怨。

〔醉也摩挲〕你莫不真个索去也么天,真个索去也么天!再要团圆,动是经年,思量煞俺也么天。

〔相公爱〕晚宿在孤村闷怎生眠,伴人离愁月当轩。月圆、人几时圆?不觉的南楼外斗婵娟。

〔胡十八〕天配合一对儿俏姻缘,生拆散并头莲。思量席上与樽前,天生的自然,那些儿体面,也是俺心上有,常常的梦中见。

〔一锭银〕心友每相邀列着管弦,特地来欢娱一齐欣然。十分酒十分悲怨,却不道怎生般消遣。

〔阿那忽〕酒劝到根前,你可也只管的推延?想桃花去年人面,偏怎生冷落了今年。

〔不拜门〕酒入愁肠闷怎生言,疏竹萧萧西风颤。如年,如年,似长夜天,这早晚恰黄昏庭院。

〔金盏子〕咱无缘,想着他风流十全,天可怜。芙蓉面,腕松着金钏,鬓贴着翠钿,脸衬着秋莲。眼去眉来相留恋,春山摇,秋波转。

〔大拜门〕玉兔鹘牌悬，怀揣着帝宣，今日个称了俺男儿心愿，忙加玉鞭，急催骏骁，恨不飞到俺那佳人家门前。

〔也不罗〕只听得乐声喧，列着华筵，聚集诸亲眷。首先一盏拦门劝，他道是走马身劳倦。

〔喜人心〕人丛里遥见，半遮着罗扇，正是俺可喜的风流孽冤，两叶眉儿未展。我将他百般的陪告，只管的求和，只管里熬煎。它越将个庞儿变，咱百般的难分辨。

〔风流体〕胡猜咱、胡猜咱居帝辇，和别人、和别人相留恋。上放着、上放着赐福天，你不知、你不知神明见。

〔忽都白〕我半载来孤眠，你如今信口胡言，枉了把我冤也么冤。你若是打听的真实，有人曾见，母亲根前，恁儿情愿，一任当刑宪，死而心无怨。

〔唐兀歹〕不付能告求的绣帏里头眠，痛惜轻怜。眨眼不觉得绿窗儿外月明却又早转，畅好是疾明也么天。

〔鸳鸯煞尾〕腰肢困摆垂杨软，舌尖笑吐丁香喘。绣帐里无人，并枕低言。畅道美满夫妻，风流缱绻。天若肯随人，随人今生愿。尽老同眠也者，也强如雁底关河路儿远。

〔注〕

① 五柳庄，陶渊明归隐处。

鉴赏

这套曲子在《雍熙乐府》题作《驸马还朝》，写了一个情节略同于"西厢"的爱情故事。故事情节很简单，完全可以套用四句顺口溜：才子佳人相见欢，私订终身后花园。才子赶考中状元，衣锦还乡大团圆。这里的佳人不似闺阁千金，更像勾栏艺人。故事从春天开始，一双情侣，东楼欢宴，急管繁弦，夏天对摇纨扇，欢歌采莲，秋天笑撚落花，冬天美酒玳筵，就这样夜夜嬉游，朝朝宴乐，缠绵了一年光景，一旦男子去奔功名，昔日密爱幽欢也化为泡影。"阻鸾凤，分莺燕，马头咫尺天涯远，易去难相见"，女子与情人分别后，不是百无聊赖，深锁娥眉，不是"芳心是事可可"，而是呼天抢地"真个索去也么天，真个索去也么天！"，"思量煞俺也么天！"何等直白，何等泼辣，何等爽快！心中底事，直言道之，咄咄逼人，在一句句"也么天"中，可以体会到作者内心深处对男女情爱的珍视，对科举功名的蔑视。读罢这两句，再读柳永笔下“恨薄情一去，音书无个”，“针线闲拈伴伊坐”那些在北宋被视为俗的句子，也觉得含蓄雅驯了。贯云石说关汉卿“造语妖娆，适如少美临杯，使人不忍对殢”(《阳春白雪序》)，可以说被这套曲子体现得淋漓尽致。

下来连用六支曲子写思恋之情，看似平平道来，但从其对空间和时间的特殊强调上，足以使人体会到女子内心潜在的感情湍流：“晚宿在孤村闷怎生眠，伴人离愁月当轩。月圆、人几时圆”，“思量席上与樽前，天生的自然，那些儿体面，也是俺心上有，常常的梦中见”，往日种种欢乐，犹如一场春梦，转瞬无踪，睹物思人，物是人非，即情即景，动人心魄。最后七支曲子写男子高中，春风得意，衣锦还乡，中间又突生一顿挫，女子怀疑男子在京另有新欢，于是有〔风流体〕〔忽都白〕两支曲子写男子急于辩白的着急口吻，活灵活现，声口如见。

杨维桢谓关曲“奇巧”(《周月湖今乐府序》)，就是说他善于以文字的形式趣味为机趣。煞尾“腰肢困摆垂杨软，舌尖笑吐丁香喘。绣帐里无人，并枕低言。畅道美满夫妻，风流缱绻”几句为“奇巧”二字作了很好的注脚。类似的还有〔双调〕《新水令》的几句：“好风吹绽牡丹花，半合儿揉损绛裙纱。冷丁丁舌尖上送香茶，都不到半霎，森森一晌遍身麻。”着意调侃，却显得“浅而不俗”(郑振铎语)，格外真纯，呈现出一种青春的气息和原始的生命力，避免了低俗的感官刺激，反而显得活泼有趣味，既有艺术手法运用的深意，也活跃了作品的艺术氛围，形成一种情绪：既大胆又留有余地，虽坦率却不失含蓄。最末“天若肯随人，随人今生愿。尽老同眠也者，也强如雁底关河路儿远”，有誓言的意味，深化曲旨，结得漂亮。关汉卿在杂剧中，塑造了诸如窦娥、赵盼儿、宋引章、杜蕊娘、谢天香、谭记儿、瑞莲、燕燕等性格各异的女性形象，读罢此曲可知，关汉卿散曲中塑造的女性形象同样出色和可爱。

（刘　昂）

〔双调〕乔牌儿

原文

世情推物理，人生贵适意。想人间造物搬兴废，吉藏凶，凶暗吉。

〔夜行船〕富贵那能长富贵，日盈昃月满亏蚀。地下东南，天高西北，天地尚无完体。

〔庆宣和〕算到天明走到黑，赤紧的是衣食。凫短鹤长不能齐，且休题，谁是非。

〔锦上花〕展放愁眉，休争闲气。今日容颜，老如昨日。古往今来，恁须尽知，贤的愚的，贫的和富的。

〔么〕到头这一身，难逃那一日。受用了一朝，一朝便宜。百岁光阴，七十者稀。急急流年，滔滔逝水。

〔清江引〕落花满院春又归，晚景成何济。车尘马足中，蚁穴蜂衙内，寻取个稳便处闲坐地。

〔碧玉箫〕乌兔相催，日月走东西。人生别离，白发故人稀。不停闲岁月疾，光阴似驹过隙。君莫痴，休争名利。幸有几杯，且不如花前醉。

〔歇指煞〕恁则待闲熬煎、闲烦恼、闲萦系，闲追欢、闲落魄、闲游戏，金鸡触祸机①，得时间早弃迷途。繁华重念箫韶歇，急流勇退寻归计。采蕨薇，洗是非，夷齐等，巢由辈，这两个谁人似得：松菊晋陶潜，江湖越范蠡。

〔注〕

① 金鸡，古代颁布赦诏时所用的一种金首鸡形仪仗，这里代指触犯刑律。

鉴赏

《青楼集序》评价关汉卿，有八个字很著名："嘲风弄月，流连光景"，如果说那套〔一枝花·不伏老〕是他"嘲风弄月，流连光景"的一种外在表现，这套《乔牌儿》则是他对于"嘲风弄月，流连光景"的一番理性思索。不论诗词曲，议论说理最难，往往意兴不足，搞不好会有头巾气，使人读之无味，可关汉卿这套曲子却写得脱巾啸傲，洋洋洒洒，读来一气呵成，神清气爽。

在关汉卿的眼里，世界是一个不可把握的存在，所以一开篇就说："世情推物理，人生贵适意。想人间造物搬兴废，吉藏凶，凶暗吉。"直截了当，不用比兴寄托，上来就讲人生大道理，为整套曲子定下了调子。在作者看来，客观世界变化不定，不可把握，人世间兴废无常，吉凶互化，是非莫辨。“富贵那能长富贵，日盈昃月满亏蚀。地下东南，天高西北，天地尚无完体。”拿自然比人事，自然界则有日月盈昃，地形高低，从来就不完美，人生有富贵穷通，由数不清的劫难痛苦构成，二者道理一样。“算到天明走到黑，赤紧的是衣食。凫短鹤长不能齐，且休题，谁是非。”意思与前面差不多，但这几句写来，却活脱是市井俗谚，语如直诉，本色天然，有“蒜酪”味。关汉卿遣词用字文而不文，俗而不俗，亦文亦俗，任情任性，一派天真烂漫。在他笔下，同一道理，被说得层层入里，紧凑而不累赘。“展放愁眉，休争闲气。今日容颜，老如昨日。古往今来，恁须尽知，贤的愚的，贫的和富的”，讲造化不可把握，光阴不可逆转，什么是非、贤愚、贫富在造化之中都成虚空，不必斤斤计较。后面两支曲子说“急急流年，滔滔逝水”“落花满院春又归，晚景成何济”，都是承上而来，继续说“恁须尽知”的是什么，逝水落花，援景入情，万物逃不出灭亡的大悲剧，故外在于生命的一切都毫无意义。读〔碧玉箫〕一曲，不难看出作者在醉情之内，流露出一种惜时之情、怀人之情、激愤之情，可面对残酷的现实人生，他宁愿在赏花饮酒中消磨岁月，追求一份超然与放浪。这里似乎化用了元好问〔双调〕《小圣乐》的意蕴，不妨比较一下，关氏曲云：“乌兔相催，日月走东西。人生别离，白发故人稀。不停闲岁月疾，光阴似驹过隙。君莫痴，休争名利。幸有几杯，且不如花前醉。”元氏曲云：“人生百年有几，念良辰美景，休放虚过。穷通前定，何用苦张罗。命友邀宾玩赏，对芳尊浅酌低歌。且酩酊，任他两轮日月，来往如梭。”思路和用意的相承自不待言，就面对现实的态度而言，关汉卿的不满与消极似乎更重一些，朱权评关曲“如琼筵醉客”，十分恰切。

既然如此，在“车尘马足中，蚁穴蜂衙内”，合该“急流勇退”，合该“休争名利”，合该“受用了一朝，一朝便宜”，合该“寻取个稳便处闲坐地”，一切皆以“适意”为旨归。在最后煞尾处，作者写道：“恁则待闲熬煎、闲烦恼、闲萦系，闲追欢、闲落魄、闲游戏”，六个“闲”，一串排比，密而不乱，活泼灵动。“采蕨薇，洗是非，夷齐等，巢由辈，这两个谁人似得：松菊晋陶潜，江湖越范蠡”，由伯夷、叔齐、巢父、许由到采菊东篱的陶潜、泛舟五湖的范蠡，以一串榜样式的古人典故作结，把对现实人生的悲剧性感受化为直观的理性感悟，放得开，收得住，从中也能看出作为杂剧家的关汉卿，在散曲写作上的匠心布置。这套曲子蕴含的思想远法老庄，由避世到顽世，既非出于对错勘贤愚、不分是非的黑暗社会的一时激愤，亦非因悲观厌世而故作旷达，而是经过了对整个宇宙人生的深刻思索之后的理智选择。作为身份游离在士人和市民之间的元代散曲作家，他所追求的是与世态人情和红尘风波若即若离的散漫闲放的生活，是一种“受用了一朝，一朝便宜”的“适意”，他在〔南吕·四块玉〕《闲适》中对这种“适意”有一个生动的侧面描绘：“旧酒投，新醅泼，老瓦盆边笑呵呵。共山僧野叟闲吟和，他出一对鸡，我出一个鹅，闲快活。”

（刘　昂）

附录

FULU

关汉卿事迹资料辑录

关汉卿，大都人。太医院尹。号已斋叟。

——元·钟嗣成《录鬼簿》

关一斋，字汉卿。燕人。生而倜傥，博学能文，滑稽多智，蕴藉风流，为一时之冠。是时文翰晦盲，不能独振，淹于辞章者久矣。

——元·熊梦祥《析津志·名宦》

关汉卿，解州人。工乐府，著北曲六十本。世称宋词元曲，然词在唐人已优为之。惟曲自元始，有南北十七宫调。

——元·朱右《元史补遗》

关汉卿，号已斋叟。大都人。金末为太医院尹，金亡不仕。好谈妖鬼，所著有《鬼董》。

——明·蒋一葵《尧山堂外纪》

元大梁钟嗣成《录鬼簿》，载王实甫、关汉卿皆大都人。汉卿，号已斋叟，为太医院尹。或言“汉卿尝仕于金，金亡，不肯仕元，为节甚高”。实甫、汉卿，皆字，非名也。

——明·王骥德《王实甫关汉卿考》

关汉卿，号已斋叟。大都人。金末为太医院尹，金亡不仕。好谈妖鬼，所著有《鬼董》一书，极杂博可喜。

——吴梅《顾曲麈谈》

汉卿，号已斋叟。大都人。太医院尹。案杂剧之名，已见于唐宋时。至元时，杂剧一体，实汉卿创之。元钟嗣成《录鬼簿》著录杂剧，以汉卿为首。明宁献王《太和正音谱》以马致远为首，然于关汉卿下，云“初为杂剧之始”，均以杂剧为汉卿所创也。汉卿时代，世无定说。杨廉夫《元宫词》云：“开国遗音乐府传，白翎飞上十三弦。大金优谏关卿在，伊尹扶汤进剧编。”是以汉卿为金人也。《录鬼簿》但纪汉卿为太医院尹，而明蒋仲舒《尧山堂外纪》则云“金末为太医院尹，金亡不仕”，蒋氏之言，不知有据否？据陶九成《辍耕录》，则汉卿入元，至中统初尚存。而自金亡至元中统元年，凡二十有六年，则金亡时，汉卿尚少壮也。有《鬼董》一书，末有元泰定丙寅临安钱有孚跋，云：“关解元之所传。”世皆以解元即为汉卿。《尧山堂外纪》遂以此书为汉卿撰。钱少詹《补元史艺文志》仍之。案蒙古灭金后，惟太宗九年一行科举，后废而不举者七十八年，是汉卿得解，当在金世。至中统元初，固已垂老矣。由是言之，汉卿所撰杂剧六十余种，当出于金元兴与元中统二三十年之间。

——王国维《元刊杂剧三十种序录》

（北渚　辑）

图书在版编目(CIP)数据

关汉卿杂剧散曲鉴赏辞典：珍藏本 / 上海辞书出版社文学鉴赏辞典编纂中心编. —上海：上海辞书出版社，2021

(中国文学名家名作鉴赏精华)

ISBN 978-7-5326-5722-3

Ⅰ.①关… Ⅱ.①上… Ⅲ.①关汉卿(？－1279)-杂剧-文学欣赏-词典②关汉卿(？－1279)-散曲-文学欣赏-词典 Ⅳ.①I206.47－61

中国版本图书馆 CIP 数据核字(2021)第 032903 号

GUANHANQING ZAJU SANQU JIANSHANG CIDIAN(ZHENCANGBEN)

关汉卿杂剧散曲鉴赏辞典(珍藏本)

上海辞书出版社文学鉴赏辞典编纂中心　编

责任编辑　辛　琪
装帧设计　姜　明
责任校对　左钟亮
责任印制　楼微雯

出版发行　上海世纪出版集团
上海辞书出版社(www.cishu.com.cn)
地　　址　上海市陕西北路 457 号(邮政编码　200040)
印　　刷　上海中华印刷有限公司
开　　本　889×1092 毫米　1/32
印　　张　8.75
字　　数　195 000
版　　次　2021 年 5 月第 1 版　2021 年 5 月第 1 次印刷
书　　号　ISBN 978-7-5326-5722-3/I·485
定　　价　56.00 元